관찰하는 내가 좋다

노마의 발견 4

관찰하는 내가 좋다

노마의 발견 4

어린이철학교육연구소 지음
임정아 그림

해냄

머리말

　과학과 기술의 발달로 세계화, 정보화 시대가 도래한 지금, 오늘이 아닌 미래를 살아갈 어린이들에게 가장 요구되는 능력은 무엇일까요? 어릴 때부터 여러 교과목의 지식을 배우고 익히며, 컴퓨터 자판만 두드리면 넘쳐나는 지식과 정보를 접할 수 있는 데다가 적잖은 책까지 읽고 있는 이들에게 특별히 더 보태 줄 게 없는 건 아닐까요?

　그렇습니다. 이제 지식은 넘쳐나고 정보는 어디에나 있습니다. 하지만 그럴수록 꼭 필요한 지식과 정보를 식별해 내고 찾아낸다는 것은 더 어렵습니다. 어쩌면 그것들은 어디엔가 숨겨져 있을지도 모르며, 오염되고 손상되었거나 혹은 고의로 왜곡되어 있을지도 모릅니다.
　잘못된 지식과 정보를 토대로 판단을 내리거나 문제를 해결한다면 더 큰 어려움을 만날지도 모릅니다. 그래서 이제 더 중요한 것은 노우하우(know-how)가 아니라 노우웨어(know-where)라고 하는지 모릅니다. 옛날에는 지식과 정보가 부족한 것이 문제였다면, 지금은 믿을 수 없는 것들이 너무 많이 쏟아져 나오고 있어서 문제입니다.

　이러한 상황에서 가장 필요한 능력은 바로 비판적 사고(critical thinking)입니다. 비판적 사고란 '무엇을 믿고 무엇을 할 것인지에 관한 의사결정에 초점을 맞춘 합리적이고 반성적인 사고'입니다. 특히 논증 분석이나 정보 출처(source)의 신뢰성을 판단하는 능력을 중시합니다.
　그동안 우리 교육이 거의 놓쳤거나 소홀하게 여긴 것이 바로 이러한 능

력입니다. 《노마의 발견》 시리즈는 등장인물들이 '비판적 사고'를 하면서도 아울러 창조적이고 배려적인 사고를 적극적으로 펼쳐 보이는 내용을 담고 있습니다.

최근에 초·중·고 모두 통합 논술로 들썩이고 있습니다. 통합의 뜻은 무엇이고 어떤 것들을 전제로 하고 있을까요? 통합의 전제인 '통합을 요구하는 문젯거리'는 비판적인 사고를 통해 구성될 수 있습니다. 그리고 일단 문제가 설정되면 가까운 사람들과 서로 배려하면서 창의적으로 해결해 나갈 수 있습니다.

본 시리즈는 그러한 비판적 사고를 통해 찾아낸 문제를 친구들끼리 해결해 나가는 모습들을 보여 줍니다. 꾸준하게 읽혀 온 《노마의 발견》 시리즈가 이제 새롭게 대두되고 있는 통합의 지혜를 연마하는 지렛대가 될 것을 기대해 봅니다. 또 이 시리즈를 통해 선구적으로 어린이 철학 교육의 토대를 쌓았던 서울교대 철학 동문회원들이 다시 한 번 일어설 것을 기대해 봅니다.

끝으로 《노마의 발견》 시리즈의 가치를 인정하고 전면적으로 쇄신하여 훨씬 더 좋은 책들로 거듭나게 한 해냄출판사 여러분께 謝意를 표합니다.

어린이철학교육연구소 소장
박민규

차 | 례

머리말 · 4

1. 일기 쓰며 떠오른 생각 · 8

떠돌이 찰리 · 10
백결 선생 · 14
진짜 얼굴 · 18
소돔 성과 어느 형 · 21
헨젤과 그레텔 · 24
돌부처에게 비단을 판 바보 · 27

2. 일기 쓰며 되찾은 양심 · 30

청소 당번 · 32
석모도에 다녀와서 · 35
세마치 장단 · 38
피 묻은 강아지 · 41
현충사에서 생긴 일 · 44
약수터에서 · 49
어린이날 · 52
아침 운동 · 55

3. 일기 쓰며 찾아낸 나 · 60

잭에게 · 62
도시락의 힘 · 65
달리기 연습 · 70
홍길동 · 73
걸리버 여행기 · 76
내 마음 속의 선생님 · 79
냉차 · 82
공부의 의미 · 86
나의 인생 길 · 89
옮겨 심은 소나무 · 92
봉숭아의 행복 · 95

4. 일기 쓰며 반성하기 · 98

흘려 버릴 소리 · 100
고향을 찾는 연어 · 103
우산과 비 · 107
산골 과일들은 서두르지 않는다 · 110
다른 걸 살걸! · 113
피로 회복제 두 병 · 116

5. 일기 쓰며 계획하기 · 120

에밀레 종 · 122
예술? 사랑? · 125
병태 아버지를 화나게 한 것 · 131
생각을 빼앗는 바보 상자 · 134
마음먹기 · 138
흉내 내기 · 141
죄와 벌 · 144
숲 속의 잠자는 공주 · 147
양심의 숨바꼭질 · 150

1. 일기 쓰며 떠오른 생각

일기는 우리의 생활을 돌이켜 보게 하고 또 앞으로의 생활 자세도 가다듬게 합니다. 이 장은 사람답게 사는 것이 과연 무엇인지를 생각해 보는 이야기들로 꾸며져 있습니다. 어떻게 해야 행복하게 살 수 있는지, 왜 습관이 중요한지, 어떤 친구가 진정한 친구인지를 생각하게 한답니다.

떠돌이 찰리

1월 7일

 오늘은 어머니께서 찰리 채플린이 나오는 비디오 한 편을 빌려 오셨다. 채플린은 감독·각본·제작·음악 등 일인 다역을 해내는 아주 재능 있는 사람이라고 하셨다.
 옛날 영화라서 요즘 영화와 달리 흑백이었고 대사도 없었다. 처음에는 시시하다고 생각했는데 채플린의 연기가 너무 재미있어서 깔깔 웃으며 봤다.
 그런데 다 끝나고 난 뒤 생각해 보니까 재미만 있는 영화가 아니라는 생각이 들었다.

 찰리는 작은 키에 못생긴 얼굴, 허름한 옷차림을 한 떠돌이였다. 어느 날 마을에 서커스 극단이 와서 찰리는 재미있게 구경을 하며

서 있었다. 그런데 소매치기가 찰리 옆에 있는 신사의 주머니에서 지갑과 시계를 슬쩍했다. 이를 알아챈 신사가 지갑을 내 놓으라고 소리치자 얼떨결에 소매치기는 찰리의 바지에 지갑을 넣는다.

 그것도 모르고 서 있던 찰리는 배가 고파 햄버거 가게에 간다. 그곳에서 자기가 돈을 가지고 있다는 걸 알게 된 찰리는 아무 의심 없이 빵을 사 먹는다. 그런데 이게 웬일인가. 지갑을 잃은 신사가 바로 옆에서 이것을 본 것이다.
 "도둑이야!"
 신사가 소리를 지르자 경찰들이 몰려온다. 깜짝 놀란 찰리는 도망을 치다 공연이 한창 진행 중인 서커스 천막 안으로 들어간다. 수많은 사람들이 지켜보는 가운데 경찰은 정신없이 찰리를 잡으려 하지만 찰리는 요리조리 피해 간다. 그 모습에 관객들은 손뼉을 치며 좋아한다.
 마침내 찰리가 경찰을 따돌리자 관객들은 환호를 보내며 더욱 즐거워한다. 이 모습을 지켜본 서커스 단장은 찰리를 고용하였다.
 그런데 서커스 단장은 심술이 사나워 힘들게 일만 시키고 사람들을 못살게 군다. 단장의 딸은 서커스 극단에서 링 체조를 하는데, 실수를 할 때마다 아버지한테 매를 맞고 저녁도 굶곤 한다. 이때 마음씨 착한 찰리는 몰래 소녀에게 저녁을 나누어 준다.

그러다 찰리는 그 소녀를 사랑하게 된다. 소녀도 찰리를 친구처럼 좋아한다. 그런데 서커스단에 외줄 타기를 하는 잘생긴 남자가 새로 들어오자 소녀는 그 남자를 사랑하게 된다. 이를 안 찰리는 상심하여 예전처럼 서커스 연기를 못 하게 되고, 단장은 그를 쫓아낸다.

마침 연기를 하다가 실수한 딸도 아버지한테 몹시 혼나고 찰리를 따라 집을 나온다. 그리고 자기를 좋아하는 찰리에게 결혼을 하자고 말한다. 그러나 밤새 생각한 찰리는 다음 날 외줄 타기 남자를 찾아가 두 사람을 결혼시킨다. 소녀는 아버지와 화해를 하고 서커스 극단은 다른 마을을 찾아 떠난다. 찰리도 또다시 방랑의 길을 떠나고…….

어떻게 보면 슬픈 이야기인데, 찰리는 그 슬픔을 우스꽝스러운 연기로 표현하여 더 애달픈 느낌을 주었다. 영화를 보고 나서 어머니께서는 진한 감동을 받으셨다고 하셨다. 세상에서 제일 외롭고, 초라하고, 조금은 바보 같아 보이는 그의 행동이 약은 사람만 있는 요즘 세상에 소금과 같은 역할을 하는 것 같다.

아무것도 가진 것이 없기에 모든 사람을 진실한 마음으로 대하는 찰리가 도둑으로 몰려서 경찰 아저씨한테 쫓길 때는 좀 한심하다는 생각이 들기도 했다. 왜 떳떳하게 이 돈은 내가 훔친 것이 아니라고 말을 못 했을까? 그리고 배가 고프다고 자기 것이 아닌 돈을 마음대로 써도 되는 건 아닌데…….

그러나 한편으론 이런 생각도 든다. 찰리가 무조건 도망친 건 자기가 아니라고 말해도 믿어 주지 않을 거라는 생각이 들어서일 거라고. 자기같이 허름한 옷차림을 하고 가진 게 없는 사람들의 말은 아무도 믿어 주지 않을 거라고. 내가 신사였다면, 혹은 경찰관이었다면 그의 말을 믿어 주었을까? 자신이 없다.

어쨌든 찰리가 사랑하는 소녀의 행복을 위해 자기의 사랑을 포기하는 것을 보고 많은 생각을 하게 되었다. 소녀도 외줄 타기 남자를 사랑하지 말고 찰리를 사랑했더라면 얼마나 좋았을까? 여자들은 언제나 잘생긴 남자만 좋아할까? 분명히 찰리가 훨씬 더 착한 마음씨를 가지고 있을 것이다. 또 나라면 찰리처럼 사랑하는 여자를 포기하고 그 여자의 행복을 빌어 줄 수 있었을까? 찰리는 바보이든가 진정한 사랑을 아는 사람이든가 둘 중 하나라는 생각이 든다.

다음에도 이런 영화를 또 보고 싶다. 어머니를 졸라 봐야지.

생각해 봅시다

찰리는 우연히 일어난 일들로 인해서 여러 가지를 경험하게 됩니다. 찰리의 행동을 여러분은 어떻게 생각하나요?
허름한 옷차림을 했거나 가진 것이 없는 사람들은 누명을 벗기 힘들다고 하는데 그 이유는 무엇일까요?

백결 선생

1월 15일

　너, 백결 선생이 누군지 아니? 모르지? 난 오늘 알게 되었어. 옷을 백 번이나 기워 입어서 백결이라는 이름으로 불리게 되었대.
　얼마나 가난했으면 옷을 백 번이나 기웠을까, 상상이 가니? 난 상상이 안 가. 가끔 양말이 뚫어지면 엄마가 기워 주시는데, 난 기운 양말은 정말 신기 싫어. 남들이 볼까 창피해.
　옛날 이야기에는 언제나 가난한 사람들이 나오잖아. 엄마에게 왜 그러냐고 여쭤 봤더니 옛날에는 끼니도 잇지 못하는 사람들이 무척 많았대. 한 이십 년 전만 해도 그랬다는 거야.
　참, 백결 선생 얘기를 하다 말았지. 백결 선생은 신라 때 거문고를 아주 잘 타는 선비였대. 일은 안 하고 늘상 거문고를 타니 가난할 수밖에. 백결 선생은 배고픈 것도 잊을 정도로 낮밤없이 거문고를 탔다는 거야. 아내의 바가지도 꽤 심했겠지? 나가서 돈을 벌어 오든지, 땅을 파든지 하라고 말이야.

그래도 백결 선생은 만사를 다 잊고 거문고를 탔어. 그런데 하루는 부인이 그러더래. 오늘이 무슨 날인지 아냐고. 그날은 바로 섣달 그믐날이었어. 다른 집에서는 모두 설날 음식을 장만하느라고 쿵덕쿵덕 방아를 찧고 전을 부치는데, 그 집에는 쌀 한 톨 없었으니 무엇으로 음식을 마련하느냐고 화를 냈겠지, 뭐.

그제야 무슨 날인지 안 백결 선생은 호인답게, 여유있게 대답을 하셨다는 거야.

"자, 우리도 방아를 찧어 봅시다."

부인은 어디 감추어 둔 돈이라도 있나 생각했지만, 백결 선생은 그대로 앉아 거문고를 타기 시작했어.

그런데 거문고에서 쿵더쿵 쿵더쿵 콩닥콩닥 방아 찧는 소리가 흘러 나오잖아. 진짜 방아 소리와 구분할 수 없는 거문고 소리가…….

쿵더쿵 쿵더쿵 콩닥콩닥
방아를 찧세 방아를 찧어
떡방아를 찧어 보세
쿵더쿵 쿵더쿵 콩닥콩닥
찹떡은 찹쌀 방아
흰떡은 멥쌀 방아, 쿵덕 쿵덕쿵

　백결 선생이 노래까지 부르면서 거문고로 방아를 찧자 토라졌던 부인도 절로 신이 나서 춤을 추기 시작했다지. 마을 사람들도 저 가난한 집에서 웬일로 떡방아를 찧을까 하고 모두 나왔다가, 거문고와 노랫소리를 듣고 감탄을 했다는 거야. 즐겁고 신나는 노랫소리는 온 나라에 퍼졌고, 마침내 임금님까지 듣게 되었대. 노랫소리에 크게 감동한 임금님은 백결 선생에게 큰 상을 내리셨대. 이게 오늘 내가 읽은 백결 선생 이야기야.

　생각해 봐, 얼마나 열심히 거문고에 빠졌으면 온 나라 사람이 그 소리에 감동할 수 있었을까? 자기에 관한 모든 것을 버릴 수 있을 만큼, 배가 고프고 누더기 옷을 입어도 괜찮을 만큼 백결 선생은 거문고를 사랑했던 거야. 그러니까 다른 사람들에게 기쁨과 감동을 줄 수 있었던 거지.

 너도 알다시피 내가 피아노 학원에 다니잖아. 피아노 소리가 맑고 예뻐서 배우기 시작한 건데, 처음에는 서너 곡씩 빨리빨리 진도가 나가더니 요즘에는 어려워져서 연습을 해도 자꾸만 틀려.

 나의 피아노 실력은 사람들을 감동시키기는커녕 동생을 짜증나게 만드나 봐.

 "아유, 듣기 싫어! 좀 잘 칠 수 없어?"

 아무래도 난 백결 선생 같은 음악가가 되긴 틀렸나 봐.

 멋진 피아니스트가 되고 싶은데 어떻게 하지? 소질이 없는 건가, 연습이 모자란 건가? 그럼 내일 다시 보자. 귀여운 내 친구야.

생각해 봅시다

백결 선생이 지었다는 '방아 타령'은 어떻게 만들어졌나요?
훌륭한 예술가가 되려면 소질과 노력 가운데 어떤 것이 더 필요할까요?

진짜 얼굴

2월 10일

　우리 반에 명희라는 여자 애가 있다. 명희는 얼굴도 예쁘고, 공부도 잘할 뿐 아니라 친구들을 친절하고 상냥하게 대한다. 그래서 그 아이 주위엔 항상 친구들이 많이 모이고 선생님도 자주 칭찬을 해 주신다. 나와는 자리가 멀리 떨어져 있어 친하게 지낼 기회는 없었지만, 명희에 대해선 어제 아침까지도 좋은 생각을 갖고 있었다.
　어제 쉬는 시간에 일어난 일이다.
　병태가 비좁은 책상 사이를 지나가다가 책가방에 발이 걸려 넘어지면서 명희의 책상을 넘어뜨렸다. 그 바람에 책과 공책 등이 왕창 쏟아지고, 필통 한 귀퉁이가 떨어져 나갔다. 병태는 실수였다며(내 생각엔 별것도 아닌 걸 가지고) 두 손이 발이 되도록 싹싹 빌기까지 했다. 그런데도 명희는 병태의 사과를 받아 주기는커녕 오히려 화를 버럭 내는 것이었다.

 평소와 너무 다른 명희의 태도에 아이들은 물론 나도 깜짝 놀랐다. 명희의 그 예쁘던 얼굴이 늙은 마귀 할멈으로 변해 버린 것 같았다.

 그래서 나는 명희의 진짜 마음씨가 과연 어떤것인지 한번 시험해 보기로 마음먹었다. 마침 명희와 난 내일 당번이었다.

 난 일부러 늦게 학교에 갔다. 교실에 들어가다가 문에서 명희와 마주치게 되었다. 하지만 명희는 날 노려보더니 아는 체도 안 했다.

 첫 시간이 끝난 후 명희가 날 불렀다. 우리는 운동장으로 나갔다. 주위에 아무도 안 보이자 명희는 다짜고짜 나에게 화를 내기 시작했다. 겨울에 혼자 청소하려면 얼마나 추울지 생각이나 해 봤느냐, 말도 없이 늦게 오면 어떡하느냐, 양동이를 들고 계단을 내려오다 넘어질 뻔했는데, 다쳤으면 책임졌을 거냐는 등 따발총처럼 한참을 퍼부어 대더니 홱 돌아서서 가 버리는 것이다. 나에게는 변명할 일 분의 여유도 주지 않고 말이다.

내가 명희에게 한 행동이 잘했다고는 생각하지 않는다. 만약 누군가 날 시험해 보려 한다면 기분이 매우 나쁠 것이다.

하지만 오늘 내가 학교에 일찍 가서 당번 활동을 열심히 했다면 어땠을까? 물론 옛날과 다름없이 명희는 나에게 상냥한 친구로 기억되었을 것이다.

자기 맘에 들게 행동하고 잘해 주는 누군가를 나쁘게 말하고 싸움을 걸 사람은 한 명도 없을 것이다. 주위 환경이 좋을 때만 착하게 행동하는 사람을 진짜 좋은 사람이라고 할 수 있는 걸까? 지금까지 나는 친구들을 이런 식으로만 봐 온 게 아닐까?

생각해 봅시다

여러분도 이와 비슷한 경험을 한 적이 있겠지요?
여러분은 명희가 어떤 아이라고 생각하나요?
만약 여러분이 명희와 똑같은 일을 당한다면 어떻게 행동하겠어요?
친구의 진짜 마음을 알기 위해서는 어떤 방법이 필요한지 서로 이야기해 보세요.

소돔 성과 어느 형

2월 14일

　어머니 심부름으로 고모 댁에 갔다. 어머니께서 갖다 드리라고 한 짐 보따리를 고모한테 드리고 나서, 나는 오랜만에 창균이와 이야기 꽃을 피웠다.

　우리는 발렌타인 데이와 소돔 성이 망한 이유에 대해서 얘기했다. 특히 소돔 성에서 일어난 일을 이야기할 대는 침을 튀기며 입씨름을 벌였다.

　소돔 성의 시민들은 너무나 타락해 있었다. 그래서 하나님은 그 성을 파멸시키려고 하셨다. 그때 아브라함은 소돔 성 안에 착한 사람이 있다면 그들이 타락한 사람들과 함께 파멸하게 해서는 안 된다고 간절히 빌었다. 하나님은 만일 소돔 성 안에서 착한 사람 쉰 명을 찾을 수 있다면, 소돔 성을 없애지 않겠다고 했다. 그러나 소돔 성 안

에는 착한 사람이 쉰 명은커녕 단 열 명도 없었다. 그래서 소돔 성은 결국 유황불에 휩싸이게 되었다. 얘기를 끝내고 나서 창균이는 한숨을 쉬면서 말했다.

"그 얘길 듣고 난 걱정이 돼서 밤에 잠도 제대로 못 자겠어. 너도 알다시피 우리 주위에는 나쁜 사람들이 얼마나 많이 활개를 치고 다니니. 사람이 사람을 속이고 팔고 죽이는 끔찍한 일들이 하루에도 몇 차례씩이나 일어나잖아. 이대로 가다간 우리 사회도 소돔 성처럼 될 것 같아."

나는 고개를 끄덕였다.

"네 말도 맞지만, 아직 우리 사회가 멸망하지 않는 것으로 보아 우리 사회에는 착한 사람이 쉰 명은 넘지 않을까? 그러니까 너무 걱정하지 않아도 될 거야."

나는 버스를 타고 집으로 돌아오면서 혼자 중얼거렸다.

'아까는 큰소릴 쳤지만 왠지 걱정이 되는데……'

집에 돌아와서 창균이와 나눈 얘기를 어머니와 아버지께 말씀드렸다. 어머니께서는 과일을 깎으시면서 확신에 찬 목소리로 말씀하셨다.

"오늘 뉴스에 불더미 속에 뛰어들어 네 명의 어린이를 살려 낸 한 고등학생 이야기가 나오더라. 자칫 잘못하면 자기 목숨을 잃을 수도 있었는데, 그 불길 속에 뛰어들었다는 건 대단한 용기가 아니니? 다른 사람들처럼 그 학생도 못 본 체할 수 있었고 그랬다고 그 학생을 나무랄 사람도 없었을 텐데 말이야. 노마야, 그런 학생이 우리 사회에 있는 한, 소돔 성처럼 그렇게 쉽게 망하지는 않을 거야."

일기를 쓰는 지금 이 순간 그 형이 너무 고맙게 느껴진다. 그리고 나도 그 형처럼 용기 있는 사람이 될 것을 내 마음과 새끼손가락을 걸고 약속한다.

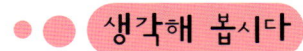

사회에는 악한 사람과 착한 사람이 함께 살아가고 있습니다.
악한 사람이 착한 사람보다 많으면 혼란스러운 사회가 될 것입니다. 반대로 착한 사람이 많으면 평화스러운 사회가 되겠지요.
평화로운 사회를 만드는 사람들의 이야기를 찾아보세요.
그리고 여러분이 할 수 있는 일을 생각해 보세요.

헨젤과 그레텔

3월 10일

오늘은 금요일, 도서실에서 책을 읽는 날이다. 내가 고르고 골라서 읽은 책은 《헨젤과 그레텔》이었다.

나는 누가 업어 가도 모를 정도로 《헨젤과 그레텔》 이야기에 푹 빠져 있었다. 책장이 넘어갈 때마다 나의 마음은 두근두근 뛰었고, 이야기가 행복하게 끝났을 때는 휴 하고 안도의 한숨을 몰아쉬었다. 나는 헨젤과 그레텔의 이야기는 남의 이야기가 아니라 바로 나의 이야기라고 생각했다.

어느 추운 겨울날 밤, 부모님이 헨젤과 그레텔을 버린 것처럼 나의 부모님도 나를 고아원 문 앞에 버렸다. 헨젤과 그레텔의 부모님처럼 집에 먹을 게 없어서 버렸는지, 어쩔 수 없는 사정이 있어서 버렸는지는 알 수 없다. 나는 부모님을 찾을 길조차 없다. 부모님의 얼굴은

커녕 성도 이름도 모른다.

　이런저런 생각을 하다 보니 마음이 점점 무거워졌다. 나는 얼른 고개를 흔들고 헨젤과 그레텔에 대해서만 생각했다.

　헨젤은 알다가도 모를 아이다. 똑똑한가 하면 멍청하고, 멍청한가 하면 똑똑하기 때문이다.

　마귀 할멈이 헨젤의 살이 통통 올랐나 알아보기 위해서 손을 내밀라고 말했을 때, 먹다 남은 고기 뼈다귀를 내민 걸 보면 똑똑한 아이인 것 같은데, 숲 속으로 들어가면서 돌멩이를 떨어뜨린 걸 보면 정반대로 어리석은 아이인 것 같다.

　얼핏 생각하면 아주 좋은 꾀라고 생각되겠지만, 깊이 생각해 보면 그게 아니라는 걸 알 수 있다. 왜냐하면 돌멩이를 따라 집으로 돌아가 봤자 없었던 음식이 갑자기 생기는 것도 아닐 뿐더러, 그나마 조금 남아 있던 음식도 금방 떨어져 온 식구가 같이 굶어 죽을 테니까 말이다.

　내가 헨젤이라면 어머니가 아버지에게 아이들을 숲 속에 버리고 오자고 말할 때, 방 안으로 뛰어들어가 집안 살림을 돕는 일이라면 무슨 일이든지 다 하겠으니 제발 버리지만 말아 달라고 사정하겠다. 헨젤처럼 자기 살 궁리만 하거나 어머니, 아버지의 아픔을 모른 체하지 않을 것이다.

　마찬가지로 자기만 잘살기 위해서 자식의 아픔을 지나쳐 버리는 부모도 되지 않겠다. 나의 부모님처럼 말이다.

　어머니와 아버지의 손을 꼭 잡고 깔깔거리며 걸어가는 내 또래의 아이들을 볼 때마다 눈물이 핑 돈다. 내 자식에게는 그런 슬픔을 안겨 주지 않을 거다. 어떤 일이 있더라도…….

　나는 병태가 화장실에 간 사이에 책상 위에 펴 놓은 병태의 일기를 나도 몰래 보고 말았다. 내 친구 중에 이런 가슴 아픈 사연을 지니고 있는 아이가 있었다니! 얼마 전에 《헨젤과 그레텔》을 읽었을 때 나는 아무런 감명도 받지 못했었다. 그런데 병태는 주인공과 하나가 되어 한 구절 한 구절을 마음에 새기고 있었다.
　병태의 아픔을 따뜻하게 안아 주는 것이 모든 친구를 알고 이해하는 첫걸음이 될 것이라고 생각했다.

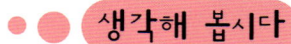

- 병태는 왜 《헨젤과 그레텔》의 이야기가 바로 자기 자신의 이야기라고 생각했을까요?
- 여러분도 동화 속에 나오는 주인공의 행동을 여러분의 입장에서 따져 보며 읽고 있나요?
- 그때 어떤 것을 깨달았는지 서로 이야기해 보세요.

돌부처에게 비단을 판 바보

3월 28일

오늘 나는 우연히 《돌부처에게 비단을 판 바보》라는 책을 읽었다. 정말 알 수 없는 일이다. 돌인지 사람인지도 모르는 바보에게 그런 행운이 찾아오다니 말이다. 장가 갈 나이가 될 때까지 어린아이 같은 짓궂은 장난과 어리석은 행동으로 놀림을 당하던 바보가 하룻밤 사이에 아무도 놀리지 못하는 사람이 되었다는 건 정말 믿을 수 없는 일이다. 바보는 어디까지나 바보인데…….

바보의 어머니가 바보에게 비단을 팔라고 내보낸 일부터가 웃기는 일이다. 비단 값이 얼마나 되는 줄도 모르고, 계산도 할 줄 모르는 바보에게 비단을 팔라고 맡기다니, 바보 어머니도 바보임에 틀림없다. 아예 사람들에게 공짜로 갖다 주라고 시킬 거면 모를까.

그래도 바보에게 말 많은 사람은 모두 거짓말쟁이거나 사기꾼이니

믿지 말고, 말 없는 사람은 정직하고 착한 사람이라고 충고한 것은 맞는 말 같다. 비록 바보가 돌부처에게 비단을 팔았지만 말 많은 사람치고 진짜 괜찮은 사람은 별로 없는 것 같다.

　바보가 도둑놈의 재물을 가져와서 다행이긴 하지만 그래도 훔친 걸 가져온 것밖에 되지 않는다. 또 그런 우연한 행운은 언제나 있는 게 아닐 것이다. 그 재물을 가져오지 못하고 그냥 돌부처에게 비단을 판 것으로 이야기가 끝났다면 바보는 얼마나 불쌍할까? 그래도 바보는 자기가 불쌍하다는 것조차 모를 테니 세상에서 제일 편한 사람이겠지?

또 바보는 몰랐다고 하더라도, 바보 어머니와 마을 사람들은 그 보물들이 비단 값이 아니라는 걸 왜 몰랐을까? 이 바보가 어디서 그런 많은 보물들을 가져왔는지, 어떻게 그럴 수 있었는지 의심도 하지 않다니 정말 바보 같은 사람들이다.

하지만 재수가 좋았던 건 틀림없다. 어리석고 바보 같지만 그런 좋은 일이 생겼다니……. 돌부처가 마음씨 착한 바보에게 선물을 준 것일까?

생각해 봅시다

말 없는 사람이 정직하다고 한 어머니의 말씀을 듣고 바보는 돌부처에게 비단을 팔았습니다.
그리고 보물을 얻었습니다. 굉장한 행운을 얻은 것이지요.
똑똑한 체하는 사람과 바보인 체하는 사람은 어떻게 다를까요?

2. 일기 쓰며 되찾은 양심

하루라는 짧은 시간이 쌓여 인생이 됩니다. 따라서 그날의 일을 반성하지 않는 삶은 그냥 지나가는 삶입니다.

역사가 발전해 나가는 이유는 무엇일까요? 그것은 끊임없이 스스로를 반성하고 내일을 꿈꾸는 사람들이 많이 있기 때문입니다. 2장에서는 생활 속에서 남의 가슴을 아프게 했을 때 후회하게 되는 까닭이 무엇인지, 왜 죄와 양심이 숨바꼭질을 벌이게 되는지 생각할 기회를 갖게 됩니다.

청소 당번

3월 30일

이번 주는 우리 분단이 청소 당번이다. 나도 그렇지만 아이들은 청소하는 걸 별로 좋아하지 않는다. 그래서인지 선생님이 계시면 하는 척하다가도 선생님이 안 계시면 빗자루를 옆구리에 끼고 잡담을 하거나 아니면 슬쩍 도망쳐 버리는 애들도 있다. 그래서 청소하는 애들은 항상 정해져 있다.

청소를 열심히 하는 애들을 보면 평소엔 눈에 띄지 않고 조용한 친구들이 많다. 또 언제나 장난만 칠 것 같은 우리 반의 유명한 장난꾸러기 친구도 청소 시간엔 열심이다. 반면에 도망치는 친구들 중에는 수업 시간마다 자신의 의견을 또박또박 잘 얘기하는 친구들이 많다. 어떤 아이는 청소 같은 지저분하고 귀찮은 일은 자기가 할 일이 아니라는 태도를 보이기도 한다. 이런 걸 보면 사람들의 말과 행동이 꼭 일치하는 것은 아니라는 생각이 든다.

　오늘은 청소를 끝내고 몇 명이 모여서 왜 이렇게 애들이 도망치고 청소를 안 하는지에 대해서 얘기했다. 결론은 선생님이 간섭을 안 하시기 때문이라는 것이었다. 우리 선생님은 간섭하는 것을 별로 좋아하시지 않는다. 새 학기가 시작될 때 선생님은 우리가 할 일에는 되도록 간섭을 안 할 테니 스스로 잘 알아서 해 달라고 말씀하셨다. 우린 그 말씀을 대환영했었다.

　예전엔 청소 시간에 도망가는 애들의 이름을 적어 드리면 선생님이 혼내 주곤 했기 때문에 할 수 없이 남아서 청소를 했다. 그런데 우리 선생님은 친구들의 이름을 적어 드리는 걸 좋아하지 않으신다.

　언젠가 애들이 선생님께 청소 안 하고 도망치는 학생에겐 벌 청소를 시키는 게 어떻겠냐고 말씀드렸더니, 선생님께서는 청소를 벌로 해서는 안 된다고 하셨다. 우리 반을 위해서, 자신을 위해서 하는 일을 즐거운 마음으로 해야지 벌을 받는 것이라고 생각하면 얼마나 괴롭겠냐는 것이었다.

　그러나 오늘 남은 애들은 매일 하는 애들만 청소를 하니까 화가 날 때도 많다며, 차라리 선생님이 간섭을 하는 게 나을 것 같다고

했다.

　우리들의 이런 생각을 아시면 선생님께서는 무척 슬퍼하실 것이다. 선생님은 우릴 믿고 모든 것을 맡겼는데 어떤 아이들은 도리어 선생님의 그런 생각을 이용해 살살 꾀만 부리니 말이다.

　우리가 할 일을 우리 자신이 알아서 잘한다면 좋을 텐데 참 어려운 일인 것 같다. 우리는 자기가 할 일을 찾아서 하는 것보다는 남이 시켜서 하는 것에 길들여져 있는 것은 아닐까? 만약 우리 선생님이 갑자기 무서운 표정으로 우리 앞에 서신다면 우리의 기분은 어떨까?

생각해 봅시다

남이 시켜서 일을 하는 것보다 자신이 스스로 찾아서 하는 것이 더 즐겁고 효과적이라고 합니다.
그런데 항상 그럴까요?
노마네 반의 청소는 자율적이지만 열심히 하는 사람이 정해져 있어서 불공평합니다.
이럴 때는 어떻게 해야 하나요?

석모도에 다녀와서

4월 12일

어머니, 아버지와 함께 강화도에 다녀왔다. 아버지는 처음에는 모처럼 쉬는 날이니 집에서 푹 주무시겠다고 하셨으나 어머니와 나는 끈질기게 아버지를 설득했다.

"아침 일찍 떠나면 하루에 다녀올 수 있어요."

결국 아버지도 좋다고 하셨다.

버스를 타고 한참을 가자 김포와 강화도를 잇는 다리가 나왔다. 강화도는 옛날엔 섬이었는데 지금은 다리로 이어져 다니기가 편해졌다고 한다.

밖을 보니 시커먼 갯벌이 펼쳐져 있었다. 버스는 강화읍을 지나고도 이십 분쯤을 달려 외포리라는 곳에 도착했다. 멀리 섬들이 점점이 떠 있고, 끼룩끼룩 갈매기가 날고 있는 푸른 바다가 보였다.

우리는 그곳에서 다시 배를 타고 석모도라는 조그만 섬으로 들어갔다. 갑판에 나가 과자를 던져 주자 갈매기들이 배 안으로 날아왔다.

배에서 내려 유명한 보문사에 가기 위해 다시 버스를 탔다. 울퉁불퉁한 시골 길을 한참 달리니, 다시 바다가 나왔고 꽤 커다란 산에 절이 있었다. 우리 식구는 바닷가로 나가서 한참을 거닐었다. 아버지께서는 복잡한 서울 말고 이렇게 한적한 곳에서 살고 싶다고 말씀하셨다. 내가 모르는 걱정과 근심이 많으신가 보다.

점심을 먹고 절에 올라갔다. 불공을 드리러 온 사람들이 많이 있었다. 아마도 이 섬에 사는 사람들보다 절에 온 사람들이 더 많을 것 같았다.

"아빠, 이 사람들은 무슨 일 때문에 여기를 찾아왔을까요?"
"요즘 좋은 학교에 들어가기가 하늘의 별따기만큼이나 어렵다고 하잖니? 아마 대부분 자식들이 시험에 붙게 해 달라고 기원하러 온 걸 거다."

옆에 계시던 어머니께서 말씀하셨다.
"그런데 자기 자식이 붙으려면 다른 사람은 떨어져야 하잖아요?"
아버지께서 말도 안 된다는 표정을 지으셨다.

이 많은 사람들의 소원을 들어 주시려면 부처님이 참 피곤하겠다는 생각도 들었다. 나는 교회나 절에는 몇 번밖에 가지 않았다. 그래서 종교에 대해 아는 것도 많지 않다. 하지만 원래 부처님의 가르침은 자기의 소원만 이루라는 것은 아니었을 것이다. 서로 자비를 베풀면서 살라고 하셨는데, 여기 온 사람들은 대부분 자기 자신과 가족만을 위해 불공을 드리고 있는 것이었다. 부처님이나 예수님은 욕심을 버리라고 하셨는데 오히려 사람들은 자기 욕심을 채우려고 교회와 절을 찾아오는 것 같았다.

생각해 봅시다

여러분도 소원을 빌어 본 적이 있겠지요?
주로 어떤 소원을 빌었나요?
부처님이나 예수님은 개인의 이기심에서 벗어나 보다 넓고 깊은 자비와 사랑을 베풀 것을 가르치셨습니다.
그런데도 우리는 대부분 개인적인 이익을 위해서 기도하는 경우가 더 많습니다.
자, 지금부터 동생이나 친구, 부모님을 위한 기도를 한번 드려보세요.

세마치 장단

4월 20일

　새 학기가 시작된 지도 한 달이 넘어서인지 이제 친한 친구들도 꽤 많이 생겼다. 수업이 끝나고 여럿이서 영환이네 집에 갔다. 영환이는 아는 게 많다. 특히 외국 영화에 나오는 배우들 이름을 줄줄 외우고 있어 애들한테 아주 인기가 좋다.

　원래는 숙제를 같이 하자고 모인 것이었는데 기분이 들떠서 숙제는 하지도 못했다. 게다가 영환이 방에는 외국 배우와 가수들의 사진이 벽마다 가득 붙어 있었다. 애들은 저마다 '와' 하고 탄성을 질렀다. 그 소리에 으쓱했는지 영환이는 책상 서랍을 열어 보였다. 그 안에는 배우 사진을 코팅한 것이 하나 가득 있었다. 애들은 하나씩 얻으려고 난리를 피웠다. 여자 애들은 어느 영화에 나오는 남자 배우 사진 때문에 말다툼까지 벌였다.

멋진 배우의 사진이긴 하지만, 그것 때문에 말다툼까지 벌이는 건 이해가 되지 않았다. 분위기가 어색해진 것 같아서 나는 애들에게 물어보았다.

　"은주야, 넌 무엇 때문에 이 사진을 갖고 싶니?"

　"그 사람 멋있게 생겼잖아."

　옆에 있던 영아도 싸웠던 걸 잊어버린 듯 대꾸했다.

　"그 사람은 천하무적이야. 나쁜 놈들을 신나게 쳐부순다고."

　나는 웃으며 이 잘생긴 노마를 놔두고 외국 남자를 좋아하냐고 농담을 했다. 희정이는 입을 삐죽이며 웃기지 말라고 했다. 지난번 오락 시간에 신나게 춤을 추어서 우리를 놀라게 했던 현미는 외국 가수들의 노래도 잘하고 춤도 따라 출 수 있다고 한껏 자랑을 했다.

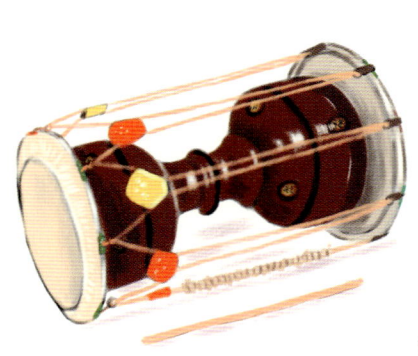

　나는 음악 시간의 일을 생각했다. 선생님께서 오랜만에 민요를 한번 불러 보자며 '도라지 타령'을 가르쳐 주셨었다. 책에는 우리 민요를 즐겁게 부르면 흥이 나서 어깨가 들썩인다고 나와 있는데, 우리는 별로 흥이 나지 않았다. 선생님께서 왜 이리 흥이 안 날까 하시며, 아마도 우리들이 서양 리듬에만 익숙해져 있어서 그런 것 같다고 하셨다. 그러고 나서 우리 민요의 장단인 세마치 장단을 장구로 들려주셨다. 우리는 장구 대신 손바닥으로 장단을 쳐 보았다. 장단을 치면서 민요를 부르니 차츰 흥이 나기 시작했다.

우리 민요는 한마디도 못 부르면서 가사의 뜻도 알지 못하는 외국 노래를 흥얼거리고, 우리와 딴판으로 생긴 외국 배우를 좋아하는 걸 자랑으로 여기는 아이들이 얼마나 많은가? 하지만 그건 우리의 잘못만은 아닐지 모른다. 눈만 뜨면 그런 것들만 눈에 보이고 귀에 들리니까 말이다. 앞으로는 음악 시간이나 텔레비전에서 민요를 자주 듣고 배울 수 있으면 좋겠다. 나는 언제 어디서나 한국 사람이니까.

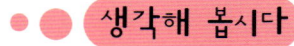

생각해 봅시다

세종 대왕이 서울에 나타나 거리를 걸어 보신다면 아마 무척 놀라실 것입니다. 외국어가 쓰인 간판과 패스트푸드 가게를 비롯한 외국 문화가 우리 생활 깊이 자리잡고 있기 때문입니다.
우리의 좋은 전통은 자꾸 사라져 가고, 외국 문화에 점점 더 익숙해지는 이런 현상은 왜 일어나는 것일까요?

피 묻은 강아지

4월 27일

나는 벽에 걸린 시계를 쳐다보았다. 벌써 일곱 시 삼십 분이 다 되어 가고 있었다. 그때 아버지께서 방에서 나오시며 나를 부르셨다.

"노마야, 오늘 신문 아직도 안 왔니?"

"네. 명호한테 무슨 일이 생겼나 봐요."

"몸이 아픈가?"

명호는 나와 같은 반 친구다. 아버지께서 일을 하다 다치시는 바람에 명호는 아침마다 신문 배달을 하며 아버지의 병 간호를 하고 있다.

막 아침 식사를 하려고 할 때 초인종 소리가 들려왔다.

"명호가 왔나 봐요."

나는 대문으로 쏜살같이 뛰어갔다. 한 손에 신문 꾸러미를 들고 여느 때와 다름없이 웃음 띤 얼굴의 명호를 보니 마음이 놓였다.

"명호야, 무슨 일 있었니?"

"아니, 아무 일도 없었어."

명호는 고개를 저었다.

"신문은 다 돌렸어?"

"응, 너희 집이 마지막이야."

"그럼 들어와. 마침 아침을 먹고 있는데, 같이 먹고 학교 가자."

내가 명호의 손을 잡고 들어가려는데, 언제 오셨는지 아버지께서 갑자기 깜짝 놀라시며 소리치셨다.

"아니, 명호야. 네 옷에 웬 피가 묻어 있니?"

그 말에 어머니까지도 깜짝 놀라 명호를 쳐다보셨다. 그러나 명호는 아무 일도 아니라는 듯 씩 웃으며 머리를 긁적였다.

"사실은 신문을 돌리다가 길을 잃고 피를 흘리는 강아지가 있어서 집을 찾아 주려다가 이렇게 됐어요."

"그래서 주인은 찾았니?"

어머니께서 물으셨다.

"아니오. 새벽이라 다니는 사람도 하나 없고 대문들도 다 잠겨 있어서요. 할 수 없이 파출소에다 맡겨 놓긴 했는데……."

"야, 너한테는 그 강아지보다 신문 돌리는 게 더 중요하잖아?"

"그래도 낑낑대는 모습이 하도 불쌍해서 그냥 지나칠 수가 있어야지. 참! 나 너무 늦었어. 그냥 갈게."

명호는 미처 붙잡을 새도 없이 골목을 돌아 사라져 버렸다.

"꼭, 소공녀 세라 같구나."

천천히 걸음을 옮기시던 어머니가 말씀하셨다.
"소공녀라고요? 명호가요?"
대답 대신 어머니께서는 고개를 끄덕이셨다.
"아빠도 돌아가시고, 다락방에서 어렵게 살면서도 자기보다 불쌍한 아이와 빵을 나누어 먹는 세라나, 바쁘게 신문을 돌리면서도 길 잃은 강아지를 생각하는 명호나 모두 우리가 본받아야 할 사람들이지."
어머니의 말씀에 아버지께서도 고개를 끄덕이셨다.
"어른이 아이를 본받는다는 말은 왠지 이상한데요?"
나는 말은 그렇게 했지만, 아직 밥을 안 먹었는데도 배가 불러 오는 듯했다.

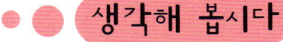

명호는 길 잃은 강아지를 돌봐 주다가 그만 신문 배달이 늦어졌습니다. 중요한 일이 여러 가지 겹쳤을 경우에는 어느 것을 먼저 할지 선택을 해야 하지요.
여러분들도 이런 경험이 있었지요?
어떤 경우에 어느 것을 먼저 했나요?
그리고 그 이유는 무엇이었나요?

현충사에서 생긴 일

5월 1일

계절의 여왕이다. 그것도 오월의 첫째 날.

우린 모두 오늘을 기다려 왔었다. 기다리고 기다리던 소풍······. 관광 버스를 타고 고속도로를 두 시간이나 달려 도착한 곳은 현충사였다. 우린 모두 들떠 있었다. 철쭉과 라일락, 배꽃, 등꽃, 딸기꽃, 그리고 이름도 알 수 없는 많은 꽃들이 자신의 모습들을 한껏 뽐내고 있었다. 널따란 잔디밭과 고목들, 그리고 잘 가꾸어진 향나무들이 그 풍경을 더욱 화사하게 만들어 주었다. 제법 따사로운 햇살까지 비쳐 우리는 마냥 행복한 모습으로 현충사의 입구로 다가갔다.

그러나 우린 출입구에서 잠시 멈춰야만 했다. 입장권을 내기 위해서이기도 했지만, 그보다는 출입구에 붙어 있는 안내문 때문이었다.

'옷을 단정히 입으십시오. 껌을 씹지 마십시오. 정숙을 지켜 주십시오.'

이밖에도 술을 마신 사람은 들어올 수 없고, 담배를 피우지 말아야 하는 등 여러 가지 주의 사항이 적혀 있었다. 또, 사진 촬영 금지 구역도 있다고 했다.

우리가 처음 간 곳은 이순신 장군의 영정이 걸려 있는 본전이었다. 향 냄새가 풍겨 나오고 있었고 사람들이 줄을 지어 묵념을 올리는 모습도 보였다. 우리도 순서에 따라 절을 했다. 단지 성구와 덕배만이 자리를 빠져나갔다. 잔디밭을 뛰어다니면서 과자 뺏어 먹기를 하고 있었다.

"야, 너희들, 선생님한테 혼나! 얼른 잔디밭에서 나와!"

"과자를 왜 가지고 들어오니?"

묵념이 끝난 친구들이 성구와 덕배에게 한마디씩 했지만, 둘 중 누구도 신경 쓰지 않았다.

규칙이 또 깨어졌다. 충무공 기념관에서였다. 성구가 카메라로 덕배를 찍어 주고 있었다. 안내원 누나가 와서 성구와 덕배의 머리에 군밤을 주었지만 둘은 히히덕거리며 기념관을 빠져나갔다.

우리가 마지막으로 간 곳은 연못이었다. 그곳에는 잉어, 붕어 등 여러 물고기들이 이리저리 몰려 다니고 있었다. 다리 위에서 본 물고기들의 모습은 참으로 즐거워 보였다. 사람들은 그물이라도 가져왔다면 많은 물고기를 잡아 갈 수 있을 텐데 라고 이야기했지만, 실제로 그럴 수는 없었다. 그때 성구가 소리쳤다.

"거북이다. 저기 거북이야!"

"어디, 어디?"

아이들은 성구가 손짓하는 것을 보더니 급기야 담을 넘어 연못가 잔디밭으로 우루루 뛰어들어 갔다. 덕배가 맨 먼저 출입 금지 구역인 잔디밭에 들어갔기 때문에 다른 아이들도 뛰어들어 가게 된 것이다. 그것은 거북이가 아니라 커다란 자라였다. 아이들이 자라를 거북이로 착각하면서 과자를 던져 주는 모습을 수위 아저씨께서 가만히 내버려 둘 리 없었다.

결국 수위 아저씨의 불호령이 떨어졌고 성구와 덕배는 관리소까지 가게 되었다.

"너희들 아까 충무공 기념관에서 사진을 찍다가 나한테 군밤 먹은 아이들이구나."

언제 들어왔는지 안내원 누나가 한마디했다.

"군밤이 아주 맛있었어요."

"맛있었다고? 너희들은 개구쟁이가 아니라 불손한 아이들이구나."

"우리가 왜 사진을 찍어선 안 되는 거죠? 그리고 사진 좀 찍었다고 해서 군밤을 맞아야 하나요?"

"인석들아, 여긴 현충사야. 나라를 위해서 싸우다 돌아가신 이순신 장군의 충성심을 기리기 위해 만들어 놓은 곳이란 말이야. 조상에 대한 예의 정도는 지켜야지."

안내원 누나는 화가 잔뜩 난 것처럼 보였지만 꾹 참고 말을 했다. 이때 수위 아저씨께서 말씀하셨다.

"아직도 잘못을 반성하질 않는구나. 너희는 출입구 옆의 안내문도 읽지 않았니? 점퍼의 지퍼도 채우지 않고, 현충사 본전 앞에서 과자를 먹으며 뛰어다니고, 게다가 연못가 출입 금지 잔디밭에도 들어가고 말이야. 이래도 너희들이 잘못했다고 생각하지 않니?"

수위 아저씨의 말에 성구는 자신이 잘못했다고 생각하는지 고개를 숙이고 있었다. 그러나 덕배만은 억울하다는 표정이었다.

"여기선 왜 꼭 옷을 단정히 입어야 하고, 껌도 씹지 말아야 하고, 잔디밭에 들어가지 말아야 하는 거죠? 우리가 즐겁게 뛰어다니면 이순신 장군님도 즐거워하시지 않을까요?"

"이제 보니 너 편리한 대로만 생각하는구나. 그런 규칙은 충무공에 대한 우리의 경건한 마음을 나타내기 위한 거야. 그러므로 너희들이 규칙을 어기는 것은 이순신 장군께 예의를 지키지 않는 것과 같단다."

"충무공께서 나라를 지키다 돌아가신 것은 배웠어요. 그래서 우리도 충무공의 애국심을 알고 있었어요. 하지만 우리를 제대로 놀지도, 떠들지도 못 하게 하고, 사진도 못 찍게 한다는 건 너무해요."

선생님께서 관리소 문을 밀고 들어오실 때까지 수위 아저씨와 덕배의 이야기는 계속 이어졌다. 선생님께서 여러 번 사과를 하신 후에 덕배와 성구는 관리소를 나왔다. 덕배가 성구에게 물었다.

"성구야, 불손이란 게 뭐니?"

"글쎄……."

생각해 봅시다

우리 사회에는 규칙이나 예절처럼 함께 살아가는 데 편리함을 주기 위해 사람들이 지키기로 약속한 것들이 있습니다. 그 예를 한번 찾아보세요.
잘못된 규칙이라고 생각되는 것은 없었나요?
잘못된 규칙이라고 생각한 이유는 무엇이고 어떤 식으로 고쳐야 할지 얘기해 보세요.

약수터에서

5월 9일

 아침마다 약수터에 다닌 지도 거의 한 달이 되어 간다. 처음엔 어머니께서 하도 성화를 하셔서 억지로 졸린 눈을 비비고 나섰는데, 이젠 버릇이 되어서 그런지 즐거운 기분으로 다니게 되었다. 게다가 옆집의 경태랑 같이 다니는데 심심하지 않아 좋다.
 경태랑 내가 약수터에 가면, 우리보다 부지런한 어른들께서 먼저 오셔서 물통에 물을 받은 후 체조도 하시고 배드민턴도 치신다. 약수터에는 공동으로 사용할 수 있는 배드민턴 채가 몇 개 있다. 경태와 내가 일찍 간 날에도 배드민턴 채는 우리 차례까지 돌아오지 않을 때가 많았다. 그래서 오늘은 좀 더 일찍 나가 보자고 어제 약속을 했었다.
 어제보다 일찍 경태를 불러 약수터가 있는 뒷산까지 뛰어갔다. 아

침 공기는 무척 상쾌했고, 나뭇잎의 색깔이 우리가 처음 다니기 시작한 한 달 전보다 훨씬 파랬다. 그 앙상한 가지 어디에 그렇게 무성한 잎을 나오게 할 힘이 숨어 있었는지 무척 신기했다.

약수터에 도착해 보니 우리가 일등이었다. 물을 받아 놓고 경태와 난 창고 속의 배드민턴 채를 꺼내 배드민턴을 치기 시작했다.

잠시 후 어른들이 한 분 두 분 도착하시자 조용했던 약수터는 활기를 띠기 시작했다. 그때 어떤 아저씨 한 분이 배드민턴을 치고 있는 내 팔을 붙잡으시더니 대뜸 배드민턴 채를 달라시는 것이었다.

나는 아저씨께 우리도 치기 시작한 지 조금밖에 안 되었다고 말씀드렸다. 그러자 아저씨는 어른이 달라면 줄 것이지 웬 말이 그리 많냐며 채를 빼앗듯이 가져가 버렸다. 그러면서 요즘 애들은 어른 말을 들을 줄도 모르고 버릇이 없다고 하셨다. 경태도 어이가 없는지 채를 넘겨 주었다.

옆에서 보고 계시던 어떤 할아버지께서 혀를 차시며 아이들이 치고 있는 것을 그렇게 빼앗으면 어쩌냐고 말씀하셨다. 그러자 아저씨는 어른은 바쁘잖냐며 애들이 어른에게 양보해야 된다고 하셨다.

경태와 난 더 있고 싶은 마음이 없어서 물통을 들고 그냥 내려왔다. 그 아저씨 말을 듣고 보니 어른들이 아침에 우리보다 훨씬 바쁘다는 것도 이해가 갔다. 그래도 우리한테 아저씨의 사정을 얘기하고 배드민턴 채를 먼저 써도 되겠냐고 물었다면, 우리는 즐거운 마음으로 양보했을 것이다.

어른들은 가끔 우리들을 너무 몰라 준다. 어떤 일이 일어났을 때 이유도 얘기하지 않고, "어른이 말하는데……." 하는 식으로 화를 내 버리기도 한다. 아마 아이들은 이유를 말해 줘도 잘 모를 것이라고 여기시거나, 애들은 생각할 수 있는 힘이 없다고 생각하시나 보다. 우리도 잘 생각할 수 있는데…….

 생각해 봅시다

여러분은 '말대답한다, 말대꾸한다.'와 같은 꾸지람을 들은 적이 있을 것입니다.
이때 대답과 대꾸의 차이는 무엇일까요?
또 노마는 "어른들은 우리들을 너무 몰라 준다."고 투덜거렸는데, 그렇다면 우리는 어른들의 마음을 잘 이해하고 있을까요?
서로 대화가 잘 통하려면 어떤 자세를 가져야 할까요?

어린이날

5월 13일

저녁 때 안방 앞을 지나다가 어머니와 아버지께서 나누시는 말씀을 듣고 난 무척 부끄러웠다.

어머니께서 '노마가 지난 어린이날 일 때문에 계속 우울한 것 같다.'고 말씀하시자, 아버지께서는 '회사 사정으로 어쩔 수 없었으니 노마에게 이해가 되도록 말해 주라.'며 약간 우울한 목소리로 말씀하셨다.

지난주엔 어린이날도 있었고 어버이날도 있었다. 그런데 어린이날, 아주 서운한 일이 있었다. 그날은 아버지께서 나를 위해 시간을 내주실 줄 알았다. 우리 식구 모두를 데리고 모처럼 놀러 갈지도 모른다고 혼자 기대하고 있었다. 그런데 아버지께서는 그날도 회사엘 나가셔야 했다. 어머니가 위로를 해 주셨지만 기대했던 것이 무너져서 너무 서운했다.

　다음 날 학교에서 애들은 선물 받은 얘기, 놀러 갔다 온 얘기들로 정신이 없었다. 그 얘기들을 듣고 나자 나는 더 풀이 죽었다. 그래서 집에 와서도 계속 뾰로통한 표정으로 어머니, 아버지를 대했다. 며칠 뒤엔 어버이날이었다. 친구들이 학교 앞에서 카네이션을 사길래 나도 두 송이를 사서 어머니와 아버지께 달아 드렸다.

　나는 어린이날을 선물을 받거나 먹고 즐기는 날로 여기고 있었던 것이다. 선생님께서 알려 주신 어린이날 본래의 취지는 '어린이에게도 사람다운 권리를 주는 동시에 대우를 하자.'는 것이었다고 한다. 그렇다면 어린이날 하루 동안 먹고 즐기는 것이 어린이의 권리인가? 비싼 선물을 사 주는 것이 어른들이 어린이들을 사람답게 대우해 주는 것인가?

　어버이날 내가 달아 드린 카네이션에는 무슨 뜻이 있을까? 어버이날은 으레 카네이션을 달아 드리는 날이라 생각하고, 남들이 하니까 나도 따라서 한 일인지도 모른다.

　5월엔 행사가 많다. 어린이날, 어버이날, 스승의 날……, 그런데 왜 이런 날들이 생겼을까? 평소엔 서로의 소중함을 자주 잊고 사니까 이런 날만이라도 서로의 소중함을 기억하고 위해 주라는 의미일 것이다. 그러나 그런 날들이 없어도 평상시에 서로를 위해 준다면 더 좋을 것이다. 선물을 주더라도 진심을 담아서 준다면 더 좋을 것이다.

　나는 큰 오해를 했었다. 어린이날을 당연히 대접받는 날로 여기며 어머니, 아버지가 날 대접해 주기만을 기다렸고, 어버이날에는 속으로 원망하는 마음이 남아 있었으면서도 남들이 하는 대로 카네이션을 달아 드렸던 것이다. 어머니, 아버지의 진심을 이해하지도 못했으면서 말이다.

스승의 날엔 진심이 담긴 편지를 선생님께 보내 드려야지.

생각해 봅시다

일년 중에는 어린이날, 어버이날과 같이 특별한 의미를 가진 날이 있습니다.
여러분은 어린이날이나 어버이날을 어떻게 보내고 있는지요? 혹시 본래의 의미를 잊고 선물을 받거나 외식하는 날로 생각하고 있지는 않은가요?
이런 날의 의미를 생각해 보고, 앞으로는 어떻게 보낼 것인지 부모님과 함께 이야기해 보세요.

아침 운동

5월 20일

　새 학기가 되면서부터 "몸이 건강해야 공부도 열심히 할 수 있다."고 어머니께서 말씀하셨다.

　노마는 책상 앞에 '일찍 일어나서 운동 열심히 하기'라고 써 붙여 놓고, 어떤 일이 있더라도 꼭 실천하리라고 굳게 마음먹었다. 처음에는 깨워 주시는 어머니의 성화가 귀찮고 짜증스러워서 늑장을 부리기가 일쑤였다. 그러나 그럴 때마다 아버지께서는 엄숙한 표정으로 꾸짖으셨다.

　"사내 녀석이 이래 가지고서 무슨 큰일을 할 수 있어! 아빤 실망했다. 실망했어."

　나는 이를 악물고 마음속으로 몇 번이고 다짐을 했었다.

　'아빠, 두고 보세요. 저도 한다면 하고 만다고요.'

이렇게 해서 시작된 것이 벌써 한 달 하고도 보름이 지나갔다.
"하나, 둘, 셋, 넷……."
아버지와 함께 발을 맞춰 달리면 손에 땀이 나고 숨이 차서 힘이 들었다. 그러나 한 컵의 약수와 시원한 새벽 공기를 한껏 들이마시고 나면, 금방이라도 날아오를 듯 힘이 솟았다. 약수터에 오는 사람들의 얼굴도 눈에 점점 익어 갔고, 여기저기에서 열심히 운동을 하고 있는 사람들의 모습을 보면 나도 모르게 어른이 된 것 같은 기분도 들었다.

이제는 동이 틀 무렵 아버지와 함께 뒷산 약수터에 오르는 것이 나에게는 하루 일과 중 빼놓을 수 없는 소중한 일이 되어 버렸다.

아버지와 함께 약수터에 갔다 올 때였다. 한 손에 약수가 가득 찬 물통을 들고 내려오시는 아버지의 이마에는 땀방울이 송골송골 맺혀 있었다.

"아빠, 제가 좀 들고 갈까요?"
"아니다. 조금 더 가서 쉬기로 하자. 오랜만에 너하고 얘기도 할 겸……."

아버지는 말끝을 흐리시며 나를 보고 대견스럽다는 듯 웃으셨다. 잠시 후 아버지와 나는 서로 약속이라도 한 것처럼 길가에 있는 벤치에 나란히 걸터앉았다.

"아빠, 궁금한 게 있어요."
"……."

아버지는 내 말은 듣는 둥 마는 둥 담배를 꺼내 물고 뭔가를 열심히

찾고 계셨다. 나는 아버지의 그런 태도가 못마땅해서 토라진 목소리로 말했다.

"아빠! 뭐 하세요? 제 얘기가 들리지도 않으세요?"

그제야 아버지는 미안하다는 표정을 지으시며 말씀하셨다.

"다 듣고 있다. 귀로 듣지 눈으로 듣니? 그래, 궁금하다는 게 뭐냐?"

나는 멋쩍어서 머리를 긁적이며 물었다.

"저렇게 많은 사람들이 약수터에 오는 목적이 뭘까요?"

"그야 건강을 지키기 위해서라고 할 수 있지. 넌 여태 그것도 모르고 있었니?"

"그런데 조금 전에 아빠가 찾고 계시던 건 뭐죠?"

"그건……."

"저는 다 알고 있어요. 바로 이거죠. 그렇죠?"

나는 주머니에서 성냥을 꺼내 아버지 앞에 내밀었다.

"아니, 이게 어떻게 된 거냐?"

"아까 약수터에서 아빠가 허리를 구부리고 물을 받으실 때 빠진 걸

주웠어요. 그런데 아빠, 담배가 그렇게도 좋으세요?"
"좋아서가 아니라 습관이라고 할 수 있지. 네가 요즈음 아침 일찍 일어나는 것처럼 말이다."
"습관이라고요? 전 이해할 수가 없어요."
"뭐가 말이냐?"
"건강을 유지하기 위해 아침 일찍 일어나 운동을 하시면서, 건강을 해치는 담배는 왜 피우시는 거죠?"
"원, 녀석도……. 이제 그만 집으로 가자."

집으로 가는 도중에 나는 건너편 모퉁이에서 한 손에 큰 깡통을 들고 담배 꽁초와 휴지를 주워 담고 계시는 환경 미화원 아저씨를 보았다.

"아빠, 언젠가 말씀하셨죠? 이 세상에서 가장 행복한 사람은 다른 사람을 행복하게 하는 사람이라고요."
"그래, 그랬었지. 남을 위한다는 건 크든 작든 간에 우리가 살아서 하는 일 중에 가장 귀한 일이라고 생각하니까."

나는 기회는 이때다 싶어 다시 말을 이었다.

"아빠, 그럼 아빠도 행복한 사람이 되어 보세요. 방법은 간단하니까요."
"간단하다고?"
"그래요. 너무너무 간단해요. 그렇게만 된다면 우리 집이 더 행복한 집이 될 수가 있어요."

아버지는 궁금하다는 표정을 지으시며 물으셨다.

"그 방법이라는 게 도대체 뭐냐?"

"그건요. 아빠가 좋아하시는 담배만……."

나는 말끝을 맺지 못하고 아버지의 눈치를 살폈다.

"이젠 우리 노마 때문에 담배도 제대로 피울 수가 없게 되었구나. 그게 네 소원이라면 어디 한번 노력해 보자. 모든 사람들의 행복을 위해서."

아버지의 입가에는 미소가 가득했다.

"아빠, 죄송해요."

집으로 향하는 나의 발걸음이 무척 가벼웠다.

생각해 봅시다

"습관은 제2의 천성"이라는 말에서도 알 수 있듯이, 한 번 몸에 배인 습관은 고치기가 무척 어렵습니다.
여러분은 어떤 습관을 가지고 있나요?
그 습관이 생긴 이유는 무엇인가요?
그리고 그 습관으로 인해 얻은 이익이나 불편함은 어떤 것인지 친구들과 함께 생각해 보세요.

3. 일기 쓰며 찾아낸 나

흔히들 세상이 점점 메말라 간다고 합니다. 과학과 문명이 크게 발달하고 있는데 세상은 왜 각박해져 가는 것일까요? 우리 생활은 점점 편해만 가는데 왜 우리가 사는 지구는 오염이라는 병을 심하게 앓고 있는 것일까요?

3장에는 우리 어린이들도 이 세상의 엄연한 주인이라는 사실을 깨닫게 하는 이야기들이 실려 있습니다. 각자가 주인 의식을 갖고 생활할 때 우리가 사는 세상은 보다 따뜻하고 부드러워질 것입니다. 저마다 욕심을 조금씩 버리고 그곳에다 사랑을 가득 채울 때 세상은 보다 밝고 건강해질 것입니다.

잭에게

6월 3일

잭, 안녕? 난 노마야. 오늘 네가 나오는 책을 읽었단다.

맨 처음에 난 네가 바보인 줄 알았어. 야! 세상에 암소 한 마리와 콩 하나를 바꾸는 사람이 어디 있니? 요술 콩이긴 하지만 말이야. 그러니까 엄마한테 혼났지.

그렇지만 곧 내 생각이 잘못이라는 걸 알았어. 할아버지 말씀대로 하루 만에 콩나무가 하늘까지 높이 자랐을 때 말이야.

그런데 잭, 넌 왜 도둑질을 했니?

장발장은 배고픈 조카를 위해서 빵을 훔쳤다는데, 너도 배고픈 엄마를 위해서 도둑질을 한 거니?

혹시, 땀 흘려 일하는 게 싫어서 도둑질을 한 건 아니지? 그건 네가 돈 자루로 만족하지 않고 금 달걀을 낳는 닭과 황금 하프를 훔친 걸

봐서 알 수 있었어. 게다가 너는 도깨비까지 죽였잖아. 그것도 눈 하나 깜짝하지 않고 말이야. 만약 그 때 내가 네 옆에 있었더라면 널 가만두지 않았을 거야.

 장발장은 빵 하나를 훔친 죄로 오랫동안 어두컴컴한 감옥에서 고생을 했는데, 너는 장발장보다 훨씬 더 큰 죄를 짓고도 나중에 공주님하고 결혼까지 해서 행복하게 살았지. 그건 너무 공평하지 않은 것 같아. 너도 장발장처럼 네가 지은 죄에 대한 벌을 받았어야 했다고……. 넌 착한 아이도 아니고 또 용감한 아이도 아니야. 사람을 잡아먹는 도깨비가 사는 성을 겁도 없이 자꾸 갔더라도 말이야.

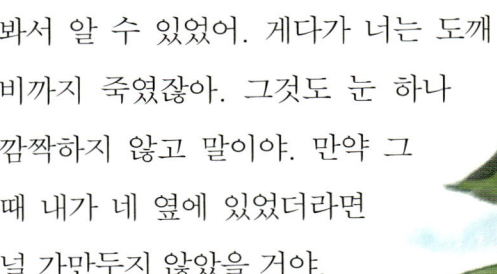

도깨비가 있는데도 불구하고 돈 자루를 비롯해서 값진 물건들을 훔쳐서 도망쳤을 때 난 네가 도깨비한테 들켜서 잡아먹힐까 봐 간이 콩알만해졌다고. 아무리 생각해도 넌 보통 아이가 아닌 것 같아. 나 같으면 그런 일은 생각도 못 할 텐데.

네가 앞뒤 가리지 않고 남의 물건이나 훔치는 아이가 아니었다면 넌 나의 둘도 없는 친구가 되었을지도 몰라. 그래도 지금은 존경은 아니더라도 널 좋아할 수는 있을 것 같아. 단, 앞으로 네가 물불 가리지 않고 남의 일을 도와주는 아이가 된다면 말이야.

지금까지 네 일에 대해서 콩이야 팥이야, 마치 네 형이나 된 것처럼 잔소리를 많이 했구나.

잭, 벌써 시계의 짧은 침이 긴 침과 나란히 열둘을 가리키고 있어. 오늘 밤 꿈에 너를 만났으면 좋겠구나.

우린 분명히 좋은 친구가 될 수 있을 거야. 그리고 너는 내 마음 속에서 영원히 함께할 거야. 잭, 안녕!

생각해 봅시다

잭은 금 달걀을 낳는 닭과 황금 하프를 훔치고 도깨비를 죽였습니다.
우리는 이런 일을 한 잭을 어떻게 생각해야 할까요?
노마는 잭의 잘못된 행동에도 불구하고 잭을 보고 싶어합니다.
그 이유는 무엇일까요?

도시락의 힘

6월 7일

어제는 아버지께서 일찍 들어오셨다. 그리고 현관에 들어서시자마자 어머니께 빨리 밥을 달라고 하셨다.
"아, 배고파. 밥 좀 빨리 줘요."
어머니께서 웃으시면서 저녁 준비를 서두르셨다.
"참, 이상해."
부지런히 수저질을 하시던 아버지께서 문득 중얼거리셨다.
"뭐가요?"
밥을 한 숟갈 입에 넣고 우물거리던 기오가 물었다.
"오늘 점심으로 불고기를 꽤 많이 먹었는데도 네 시가 되니까 배가 고픈 거야."
"그게 뭐가 이상해요? 그럴 수도 있는 거지."

어머니께서 빙긋 웃으며 말씀하셨다.
"당신이 싸 준 도시락을 먹었을 때는 별것 아닌 것 같은 데도 속이 내내 든든했거든."
아버지께서 정색을 하며 말씀하셨다.
"에이, 말도 안 돼. 불고기가 더 든든하죠."
가만히 듣고 있던 내가 말했다.
"정말 그렇다니까."
"당신, 점심 사 먹기 귀찮으니까 괜히 그러시는 거죠?"
어머니께서 살짝 눈을 흘기셨다.
"아니라니깐."
아버지께서는 답답한 듯이 어머니를 쳐다보셨다.

오늘 점심 시간이었다. 나는 얼른 도시락을 꺼냈다. 짝 혜연이도 도시락을 꺼냈는데, 보니까 샌드위치와 우유였다.
"밥, 안 싸 왔니?"
내가 혜연이에게 물었다.
"응, 보다시피 빵이야."
"어머니께서 오늘은 늦잠을 주무신 모양이지?"

"아냐, 난 밥보다 빵이 좋아서 일부러 도시락을 안 갖고 왔어. 제과점에서 사 온 거야."

혜연이가 빵을 한 입 베어 물었다.

"너, 그거 먹고 배고프지 않겠니?"

"요, 바보야. 이 샌드위치에는 햄, 치즈, 그리고 야채가 들어 있어. 영양가도 있고 칼로리도 높은 거란 말이야. 밥을 먹는 건 단지 오랜 습관이라서 안 먹으면 허전한 거라고."

혜연이의 말을 듣고 나는 고개를 갸웃거렸다. 그런 나를 보고 혜연이가 물었다.

"너도 좀 줄까?"

"난 됐어."

나는 물을 한 모금 마시고 밥을 먹기 시작했다.

'이상하다. 어제 아빠는 밖에서 아무리 잘 먹어도 배가 고프다고 하셨는데 혜연이는 배가 안 고프다고?'

6교시가 끝나고 나는 청소를 마친 뒤 집으로 향했다. 가는 길에 학교 모퉁이 분식집에서 나리와 혜연이, 민화가 떡볶이를 먹고 있는 것을 보았다. 혜연이는 열심히 먹는 중이라서 나를 보지 못한 것 같았다.

"그러면 그렇지."

그 모습을 보고 나는 혼자서 중얼거렸다.

저녁에 나는 아버지께 혜연이와 있었던 일에 대해 이야기를 해 드렸다.

"그런데요, 전 아직도 잘 모르겠어요. 왜 불고기 점심보다 도시락이 든든한지."

"글쎄다. 아빠도 곰곰이 생각해 봤는데, 이런 게 아닐까 싶구나."

"어떤 거요?"

"음식 맛은 손맛이라는 말 들어 봤니?"

"네, 똑같은 재료를 가지고도 누구 솜씨냐에 따라 맛이 달라진다는 거지요?"

"응, 그 말은 사람의 솜씨가 좋고 나쁜 것을 말할 때 쓰는 말이지만, 그 이상의 의미가 들어 있을 것 같구나."

"어떤 것이요?"

"정성!"

아버지의 말씀에 그제야 나는 고개를 끄덕였다.

"사랑도 있겠지요."

"맞다. 그렇다면 식당에서 사 먹는 불고기와 엄마가 싸 준 도시락의 차이는 뭐겠니?"

"밖에서 파는 음식은 상품으로 만든 것이지만 엄마의 도시락은 가족의 건강을 위하는 마음으로 만들었다는 거죠?"

"그래, 도시락에는 사랑과 정성이 듬뿍 담겨져 있지만 아무래도 사

먹는 음식은 그렇지가 못하지. 그것은 음식에만 해당되는 이야기가 아닌 것 같구나."

"그럼요?"

"모든 일에 해당되겠지. 무슨 일을 할 때 사랑과 정성으로 하는 것과 단지 이익만을 바라고 하는 것은 분명 차이가 나지 않겠니?"

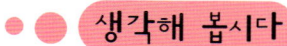

생각해 봅시다

노마의 아버지께서는 점심으로 밖에서 사 드신 불고기보다 어머니께서 싸 주신 도시락이 더 좋다고 하셨습니다.
여러분은 어떻게 생각하나요?
그 차이는 어디서 오는 걸까요?
점심을 사 먹었을 때의 경험을 떠올리며 함께 생각해 보세요.

달리기 연습

6월 30일

내 짝 순애와 함께 달리기 연습을 한 지가 오늘로 꼭 삼 주일이 되었다. 순애는 처음에 100미터를 22초에 뛰었는데, 이제는 20초로 2초나 빨라졌다.

체육 시간에 달리기를 했을 때 순애는 우리 반에서 꼴찌였다. 순애보다 훨씬 뚱뚱하거나 키가 작은 아이들도 달리기를 잘하는데, 순애는 이상하게 달리기를 못했다.

그날 내가, "순애는 거북이와 굼벵이랑 사촌 간이야."라고 놀려 댔던 것 때문에 순애와 나는 한동안 가깝고도 먼 사이가 되었다. 짝이어서 늘 붙어 있지만 서로 지우개도 빌려 주지 않았고, 내 팔이 순애 책상으로 넘어가면 순애는 눈을 흘기며, "내 물건에 손 대지 마." 하고 말하곤 했다.

준비물을 곧잘 잊어버리는 나는 미술 시간마다 남자 애들에게 빌려야 했다. 순애는 그림을 못 그리는 나를 보고 "원숭이가 발가락으로 그려도 너처럼 그리진 않을 거야." 하고 놀려 댔다.

달리기 일로 싸우기 전에는 사이좋게 지냈었는데, 서로 으르렁거리다 보니 원수가 되어 버린 느낌이었다. 어떻게 하면 순애와 싸우지 않고 지낼 수 있을까 하고 고민하다가 병태와 의논을 했다. 병태는 순애에게 독후감 숙제를 같이 하자고 부탁해 보라고 말해 주었다. 이튿날 순애네 집에 전화를 했다.

"순애야, 그동안 널 놀리고 장난친 거 미안했어. 내가 사과할게. 그리고 독후감을 어떻게 써야 할지 잘 모르겠는데 좀 도와주겠니?"

순애는 뜻밖에도 밝은 목소리로 대답했다.

"아냐, 나도 화해하고 싶었어. 먼저 사과하는 네 용기가 부럽다. 그리고 우리 엄마는 밖에 나가는 걸 별로 좋아하지 않으시니까 네가 우리 집으로 올래?"

순애의 도움으로 나는 독후감을 쓰는 데 자신이 생겼다. 전체 줄거리를 간추리고 내가 느낀 점을 쓰는 것은 그렇게 어려운 일만은 아니라는 것을 깨닫게 되었다. 내가 순애에게 도움을 줄 수 있는 방법은 없을까 하고 생각하다가 찾아낸 것이 달리기 연습이었다.

우리들은 방과 후에 한 시간씩 달리기 연습을 했다. 운동을 안 해서 힘들어하던 순애는 이제 힘 안 들이고 운동장을 몇 바퀴씩 돌 수 있게 되었고, 100미터 달리기 속도도 2초나 줄었다. 앞으로 계속 연습을 한다면 더 빨리 달릴 수 있을 것이다. 평소에 운동을 안 해서 달리는 방법을 몰랐을 뿐이니까.

만일 우리가 계속 싸우기만 했다면 어떻게 되었을까? 생각만 해도 끔찍한 일이다. 서로 이해하고 도우면서 산다는 건 정말 즐거운 일이다. 우린 앞으로 더욱 좋은 짝이 될 것이다.

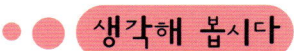

우리 속담에 "비 온 뒤에 땅이 굳어진다."라는 말이 있습니다. 이것은 어려움을 겪고 난 후에 더욱 좋아진다는 뜻입니다.
친구 사이도 마찬가지이지요.
여러분은 친구와 다툼이 있었을 때 어떻게 해결했나요?
그 이후로 둘 사이는 어떻게 되었나요?

홍길동

7월 2일

오늘 독서 시간에 《홍길동전》을 읽었다. 그동안 홍길동 이야기를 많이 듣긴 했지만 직접 읽어 본 것은 처음이었다.

그런데 이해가 잘 안 가는 부분들이 많았다. 아무리 서자라 해도 왜 홍길동은 아버지를 아버지라고 부르지 못했을까? 서자는 첩의 자식이라던데, 왜 옛날에는 부인이 여럿 있었을까? 그리고 왜 관리들은 죄 없는 백성들을 못살게 굴었을까? 요즘에 관리가 그런 짓을 한다면 사람들이 가만 있지 않을 텐데…….

그리고 나는 도둑질이 나쁜 것이므로 홍길동에게도 문제가 있다고 생각한다. 도둑질한 물건을 다시 도둑질해서 가난한 사람에게 나누어 준다고 해도 도둑질은 도둑질이기 때문이다. 하지만 가난한 사람들에게 그것이 도움이 되었다면 다행스러운 일이다. 도둑질로 남을

 돕는다는 것은 앞뒤가 안 맞는 것 같지만 말이다.
　나중에 홍길동이 세웠다고 하는 섬 나라는 어떤 나라였을까? 모든 사람들이 똑같이 잘 사는, 또 관리가 백성을 괴롭히지 않는 그런 평화로운 나라였을 것이다. 그런 나라는 모든 사람들이 꿈을 꾸는 나라가 아닌가?

이 세상에는 수많은 나라들이 있는데 정말 홍길동이 세웠던 나라 같은 곳이 있을까? 만약에 없다면-아마도 없을 것이다. 들어 본 적이 없으니까.- 그런 나라를 만들기 위해 우리는 어떠한 노력을 해야 할까?

성실하게 열심히 일하는 것도 중요하겠지만 무엇보다 중요한 건 남을 위하는 마음 같다. 자기 몫이 아닌 것에 욕심부리지 않고, 남보다 많이 가지고 있으면 나눠 주면서 살아야 하지 않을까?

며칠째 계속 비가 내리고 있다. 비 때문에 나가 놀지 못해서 조금 답답하지만 그래도 이 비가 그치면 가을이 올 것이다. 나는 왜 가을을 기다릴까? 가을에 내 생일이 있어서?

그것만은 아니다. 그냥 가을이 오면 좋은 일이 생길 것 같다.

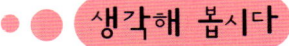

생각해 봅시다

여러분은 《홍길동전》을 읽어 보셨나요? 만약 아직 읽지 않았다면 읽어 보세요.

홍길동 이야기에 나타난 당시 사회의 잘못된 모습들을 찾아보고, 오늘날의 우리 사회와 비교해 보세요.

홍길동은 부자들에게서 재물을 빼앗아 가난한 이들에게 나눠 주었는데, 남을 위해서라면 무슨 일을 해도 상관없다는 생각에 문제점은 없을까요?

걸리버 여행기

7월 15일

 책가방을 책상 위에 올려놓고 방 안을 둘러보니, 기오가 침대에 누워 책을 읽고 있었다.

 나는 기오 뒤로 살금살금 다가가서 재빠르게 책을 낚아챘다. 기오는 팔짝 뛰면서 나에게 달려들었다. 그렇지만 기껏 뺏은 걸 쉽게 내줄 수는 없었다. 나는 요리조리 미꾸라지처럼 피해 다녔다. 약이 잔뜩 오른 기오는 울음을 터뜨렸다. 어머니한테 들키기 전에 기오를 달래느라고 굉장히 애를 먹었다.

 기오가 읽고 있던 책은 《걸리버 여행기》였다. 이 책은 걸리버라는 남자가 배를 타고 이곳저곳을 여행하면서 겪은 일을 적은 책이다. 3학년 때 읽은 적이 있었는데 잘 생각이 나지 않았다. 그래서 기오를 달래서 다시 한 번 읽었다.

걸리버가 겪은 많은 신기한 일 중에서, 내 상상력에 불을 지른 것은 릴리펏이라는 소인국(개미처럼 아주 작은 사람들이 모여 사는 나라)에 갔을 때 겪은 내용이었다.

나는 책을 덮으면서, 릴리펏 사람들이 뇌가 작아서 그런지는 몰라도 생각이 그다지 깊지 못한 것 같다고 생각했다. 왜냐하면 걸리버가 음식을 먹어 치우는 걸 보면서 걸리버가 온 나라 음식을 다 먹어 치우면 자기네들은 꼼짝없이 굶어 죽을 거라는 생각으로 시간을 낭비했기 때문이다. 그 문제는 조금만 머리를 쓰면 금방 풀 수 있는데…….

예를 들면 걸리버가 먹을 음식을 스스로 직접 만들게 하는 것이다. 그것도 모르고 걸리버를 굶겨 죽일 궁리만 했으니 정말 걱정을 사서 하는 것 아닌가.

참! 생각이 깊지 못한 것은 걸리버도 마찬가지다. 걸리버는 궁전에 불이 났을 때 오줌을 누어서 껐기 때문에 불을 끄고도 욕을 얻어 먹었다. 만약 걸리버가 윗도리를 벗어서 궁전을 덮어 버렸다면 그렇게 욕을 얻어 먹지 않았을 것이다.

 이 정도는 누구나 조금만 생각하면 알 수 있는 것이다. 단지 머리 쓰길 귀찮아하기 때문에 찾아낼 수 없을 뿐…….

 밤이 깊었는데도 마치 찜통에 들어 있는 것처럼 푹푹 찐다. 이리저리 돌아다니며 세상 구경을 하면 이깟 더위쯤 금방 잊어버릴 수 있을 것 같았다.

생각해 봅시다

왜 노마는 소인국 사람들과 걸리버 모두가 어리석다고 생각했나요?
혹시 그렇게 생각한 노마가 더 어리석은 건 아닐까요?
걸리버가 가 본 소인국이나 거인국이 이 세상에 있을까요?
이 기회에 상상 속에 있는 것들을 서로 이야기해 보세요.

내 마음 속의 선생님

7월 28일

아침부터 하늘이 찌뿌둥하게 흐려지더니 누가 장마철이 아니랄까 봐 장대 같은 비가 쏟아졌다. 방학이 시작되자마자 이렇게 비가 올 게 뭐람.

엄마 심부름으로 시장에 갔다가 비를 흠뻑 맞고 돌아왔더니 으슬으슬 추운 게 감기에 걸린 것 같았다. 엄마께서 몸을 씻고 옷을 갈아입은 뒤 약을 먹고 누워 있으라고 하셨다.

비 오는 날, 집에서 가만히 누워 있으니 얼마 전에 전학 간 은희가 생각났다. 은희는 평소 남자 애들한테 톡톡 쏘아 대곤 했지만 눈물도 잘 흘리는 아이였다. 전학 가기 며칠 전에도 굵은 눈물을 흘리며 우는 것을 보았다.

그날 아침 학교에 오자마자 은희는 나에게 뭔가를 불쑥 내밀었다.

깜짝 놀라 쳐다보니, 그것은 하얀 종이 위에 '불우 이웃 돕기 성금'이라고 쓴 조그만 종이 상자였다.

"왜 애들한테 돈을 걷니?"
"묻지만 말고 주머니에 있는 돈이나 넣어 줬으면 좋겠어."
"그래도 무슨 일인지 먼저 알아야 하잖아."
"우리 반에 아주 어려운 애가 있어서 그러는 거야."
"그게 누군데?"
"그건 비밀이라 말할 수 없어. 내기 싫으면 그만둬라."

내가 은희하고 이런 이야기를 하며 미적거리자 아이들이 은희를 빙 둘러싸고 웅성대기 시작했다. 내가 먼저 돈을 선뜻 냈더라면 됐을 텐데, 이제는 다른 애들까지 덩달아 누구냐고 물었다.

"누구야, 누구?"
"은희야, 너희들 혹시 돈 모아서 군것질하려고 그러는 거 아니야?"

이 말을 들은 은희와 진아, 그리고 모금을 하던 친구들은 동시에 울음을 터뜨렸다. 나중에 알게 되었는데, 우리 반의 명숙이 어머니께서 편찮으신데, 치료비도 없어 쩔쩔매는 것을 은희와 친구들이 우연히 알게 되어 성금을 걷게 된 것이었다.

나는 그때 한 행동이 무척 부끄러웠다. 주위에 무슨 일이 있는지 잘 살펴보려고 하지도 않고, 그러면서 친구에게 따뜻한 인정을 보여 준 은희를 의심하기까지 했으니…….

　명숙이의 사정을 알고 난 우리들은 작은 정성을 모아 도와 줬었다. 그렇지만 은희에게 제대로 사과도 못 했는데, 이내 은희네가 이사를 가서 만날 수 없게 된 것이 무척 아쉽게 느껴졌다. 은희는 아마 내 마음 속에 또 하나의 선생님으로 남게 될 거라는 생각이 들었다.

생각해 봅시다

다른 사람의 마음을 아프게 만들면 내 마음도 편하지 않습니다.
여러분은 친구와 다툰 경험이 없었나요?
친구와 다툰 경험을 생각하며, 싸울 당시의 마음과 싸운 후의 마음을 서로 비교해 보세요.

냉차

8월 3일

　본격적인 피서철이 되었다. 벌써 친구들은 외할머니 댁이나 큰아버지 댁에 간다고 너도 나도 들떠 있었다. 집에서 이 무더위를 지내야 하는 나와 몇 명의 친구들에게도 시원한 물놀이가 기다리고 있었다. 방학이 시작되기도 전에 학교 옆 수영장에서 만나기로 약속을 해 두었기 때문이다.

　외할머니 댁에 간다고 떠들던 영수도, 친구네 친척 집에 간다고 자랑하던 상철이도 수영장에 와 있었다. 영수는 아버지의 일 때문에 외할머니 댁에 가는 것이 취소되었다며 서운해했다. 아무튼 방학 중에 이렇게 친구들을 만나게 되어 매우 반가웠다.

　수영장은 우리들이 마음껏 뛰놀기엔 비좁아 공중 목욕탕같이 느껴지기도 했다. 하지만 우리는 오랜만에 마음껏 활개를 치며 즐거워했다.

하루 종일 물놀이를 하며 놀다 지친 우리들은 오후가 다 되어서야 수영장을 나왔다. 하지만 문 밖을 나서자 아스팔트가 녹을 정도로 이글거리는 햇볕 때문에 우리는 다시 땀을 뻘뻘 흘리기 시작했다.

배도 고프고 몹시 갈증이 났다. 수영장 밖에는 우리의 갈증을 부채질하기라도 하듯 아이스크림 장수 아저씨와 냉차 등을 파는 아주머니들이 보였다. 냉차 통 속에는 북극의 얼음산을 한 조각 건져 온 듯한 얼음이 둥둥 떠 있었다. 그것은 우리들을 유혹하기에 충분했다.

하지만 나는 그 유혹에 선뜻 넘어갈 수 없었다. 방학식 날 선생님께서는 불량 식품을 사 먹지 말라고 신신당부하셨기 때문이다. 그때 철호가 냉차를 팔고 있는 아주머니께 달려가 시원한 냉차를 한 컵 샀다. 그러자 영수가 나를 쳐다보며 말했다.

"노마야, 우리도 아이스크림 사 먹을래?"

나는 대답 대신 나리를 쳐다보았다. 나리는 언젠가 이런 불량 음료수를 사 먹고 배탈이 난 이후로 절

83

대 사 먹지 않는다는 걸 알고 있었기 때문이었다. 나는 침을 한 번 꿀꺽 삼키고 대답했다.

"아니, 난 별로 목마르지 않아."

사실 나도 무척 갈증이 났지만 이렇게 반대의 말을 했다.

"치, 너 여기가 학교 근처라서 혹시 선생님이 보고 계실지 모른다고 생각하는가 보구나. 겁쟁이 같으니라고."

나는 겁쟁이라는 말에 화가 나 영수를 쳐다보았는데, 영수는 이미 아이스크림 통 쪽으로 달려가고 있었다.

나와 나리는 집을 향해 걸었다. 이글거리는 태양은 저녁 무렵이 되었는데도 뜨겁게 내리쬐었다. 이곳에서부터 집까지 가는 길이 정말 끝없이 길게만 느껴졌다.

나리가 내게 물었다.

"노마야, 너 아까 목마르지 않았니?"

"아니, 지금도 여전히 목이 말라."

"그럼 넌, 정말 선생님이 보고 계신다고 생각했니?"

"아니."

"그럼 왜 용기를 내지 않았어?"

"용기라고? 나리야, 난 솔직히 말해 선생님이나 엄마 몰래 그런 것쯤이야 얼마든지 사 먹을 수 있어. 하지만 그렇기 때문에 더욱 사 먹을 수가 없어."

"그건 왜?"

나리는 언제나 나의 마음을 잘 알면서도 캐묻는 버릇이 있었다. 나는 그런 나리가 얄밉게 느껴지기도 했다.

"냉차를 사 먹는 일은 누구나 할 수 있는 쉬운 일이야. 하지만 그걸 참는다는 건 아무나 할 수 없는 일이기 때문이야."

나는 조금 큰 소리로 힘주어 말했다. 나리는 그런 나를 보며 내 마음을 충분히 이해할 수 있다는 표정으로 방긋 웃었다. 그제야 뜨겁던 태양도 한풀 꺾인 듯 가로수 나뭇잎들이 미풍에 파르르 떨기 시작했다.

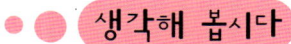

어떤 일을 할 수 있는데도 그것을 하지 않고 참고 견디어야 하는 경우가 있습니다. 또 잘못된 일이란 걸 알면서도 그냥 행동하는 경우도 있습니다.
각각의 경우에 대해 경험한 것을 서로 말해 보세요.
또 그렇게 한 이유를 말해 보고, 어느 경우가 더 많은 용기를 필요로 했는지 이야기해 보세요.

공부의 의미

8월 6일

　방학을 한 지도 이 주일이 넘었다. 방학 초에는 장마 때라 밖에 별로 나가 놀지도 못했는데, 요즘은 날씨가 맑은 편이라 친구들도 자주 만나고 놀기도 많이 한다.

　오늘도 낮에 민구랑 수영장에 갔었다. 나는 별명이 맥주병이다. 평소엔 별로 겁이 없는 편인데, 물은 너무 무서워해서 수영을 하나도 못하기 때문이다.

　그런데 이번 여름 방학에 민구랑 수영장에 몇 번 다녀온 뒤론 수영을 제법 잘할 수 있게 되었다. 민구는 아마 우리 반에서 수영을 제일 잘하는 아이일 것이다. 하기야 민구는 수영뿐만이 아니라 다른 운동도 못하는 것이 없다. 그래서 운동에 소질이 없는 나는 민구랑 별로 친하지 않았었다.

그런데 평소엔 덜렁대기만 하는 줄 알았는데, 이번에 보니 아주 꼼꼼하고 자상하게 수영을 잘 가르쳐 주는 것이었다. 민구에게 수영을 배우면서 민구가 마치 형처럼 느껴질 정도였다.

그러다가 오늘 오후 수영장에서 돌아왔을 때 어머니께서 꾸중을 하셨다. 방학을 한 뒤로 공부는 하나도 않고 놀기만 하고, 게다가 요즘은 수영장에서 살다시피 하니 큰일이라는 것이다. 그리고 방학은 놀기만 하라고 있는 것이 아니니 뒤떨어진 과목의 공부도 열심히 하고 방학 숙제도 밀리지 않게 해 두라고 말씀하셨다.

나는 요즘 며칠 동안은 방학 숙제를 제대로 못 했기 때문에 어머니에게 아무 말도 하지 못했다.

하지만 어머니 말이 전부 맞는 것 같지는 않다. 어머니께서는 책상

앞에서 하는 공부만 공부라고 생각하시기 때문이다. 나는 수영장에서도 많은 공부를 한다고 생각하는데 말이다. 수영장에서 친구의 새로운 면을 발견했고, 전혀 불가능하다고 생각했던 수영도 친구의 도움을 받아 할 수 있게 되었다. 이런 것들은 공부라고 할 수 없을까?

공부한다는 것은 무엇을 뜻하는 것일까? 시험을 잘 보기 위해 책을 가지고 하는 것만이 공부는 아닐 것이다. 살아가는 데 도움이 될 수 있는 여러 가지 경험들도 공부라고 할 수 있지 않을까?

하지만 어머니께서 꾸중을 하신 데에는 내 책임도 있다. 방학 때마다 개학이 다 되어서야 밀린 숙제 하느라 난리를 피웠으니 말이다. 내일은 그동안 소홀히 한 숙제를 열심히 해야겠다. 그리고 어머니께 '노는 것도 공부다.'라고 생각하는 까닭을 말씀드려야겠다. 그러면 어머니께서 이해해 주시겠지?

생각해 봅시다

공부는 왜 해야 하는지 한번 생각해 보세요.
우리들은 대부분 초등학교를 마치면 중학교, 고등학교, 대학교에 가야 한다고 당연하게 생각하지요.
하지만 곰곰이 생각해 보면 이상한 면을 발견할 수 있습니다. 우리 생활에 직접적인 도움을 주지도 못하는 그 어려운 과목들을 우리는 왜 배울까요?
친구들이나 부모님과 함께 이야기해 보세요.
또한 학교에서 배우는 과목만이 공부인지도 함께 이야기해 보세요.

나의 인생 길

8월 12일

오늘도 무척 더운 하루였다. 점심을 먹고 나서 선풍기를 틀어 놓고 누운 채로 동화책을 읽고 있을 때였다. 설거지를 마치고 난 어머니께서 갑자기 소리를 치셨다.

"노마야, 너 그렇게 누워 있다가 또 잠자려고 그러지? 선풍기 틀어 놓고 자면 위험하다는 거 모르니?"

"아니에요, 이 동화책이 재미있어서 절대로 잠들지 않을 거예요."

"그래? 어디 두고 보자. 잠깐 밖에 나갔다 올 테니 집 잘 지키고 있거라!"

어머니의 말씀에 걱정 마시라고 큰소리를 쳤지만, 사실 어머니의 목소리를 듣고서야 입가의 침을 닦으며 일어났었다. 어머니께서는 정말 어쩔 수 없는 애라고 하시며, 책상 앞에 앉아 책을 읽으면 잠도 안 오고 얼마나 좋은데 그러냐고 말씀하셨다. 그리고 얼마 안 있으면 개학인데, 그렇게 낮잠만 자면 어떻게 하느냐고 걱정하셨다.

그러고 보니 방학의 절반 이상이 한 일도 없이 그럭저럭 지나 버렸다. 방학뿐만이 아니다. 지난 한 학기도 잠깐 사이에 지나가 버렸고, 어떻게 보면 내가 살아온 10년 조금 넘는 시간도 그렇게 흘러가 버린 건지도 모른다.

어머니께서 거울을 보시면서, '뭐 했다고 이렇게 주름만 늘어 가나?' 하고 한숨을 쉬시는 것이나, 아버지께서 '올 한 해도 이렇게 덧없이 흘러가 버렸군.' 하고 먼 하늘을 쳐다보시는 것만 보아도 세월은 빨리 도망가 버리는 게 틀림없다. 아무것도 남겨 놓지 않고 말이다.

그렇지만 가끔 아버지께서, "노마, 저 녀석이 작년까지만 해도 코흘리개 철부지였는데, 이제는 제법 의젓한 소리를 하는군." 하고 흐뭇해하시는 걸 보면, 내가 전혀 변한 것 없이 세월만 보내 버린 건 아닌가 보다. 더군다나 이번 여름 방학엔 목표로 했던 동화책 열 권을 다 읽을 수 있을 것 같고, 야구 실력도 많이 늘었다.

아버지, 어머니는 우리 가족을 위해 열심히 일하시면서 행복한 가정을 꾸려 나가려고 애쓰신다. 나와 동생도 건강하고 씩씩하게 자라고 있고, 우리 집에선 웃음 소리가 끊이질 않는다고 다른 사람들이 부러워할 정도다.

우리 집은 다른 집보다 돈이 많지도 않고 아버지의 지위가 높은 것도 아니다. 하지만 나는 아버지와 어머니께서 걸어오신 길이 아주 위대한 길이라는 것을 느낄 수 있다.

나도 부모님과 같이 열심히 살아서 화려하지는 않지만 진실되고 보람 있는 인생 길을 걷고 싶다.

생각해 봅시다

세월은 흐르는 물이나 화살과 같다고 합니다.
그런데도 매일매일 최선을 다해 열심히 살고 있는 사람은 찾아보기 힘듭니다.
나는 하루를 어떻게 보내는지, 친구들은 어떻게 보내는지 곰곰이 생각해 보세요. 또 우리가 어떻게 시간을 보내며 살아가는 것이 좋을까에 대해서도 생각해 보세요.

옮겨 심은 소나무

8월 17일

얼마 전에 고모가 아기를 낳으셨다. 우리 식구 중에선 나만 가 보지 못했었는데 오후에 어머니랑 고모 댁엘 다녀왔다. 아기를 보며 나도 저렇게 조그마했을 텐데 이렇게 자란 것이 신기하다는 생각이 들었다.

고모 댁에서 돌아올 때 우리는 버스를 한 번 더 갈아타야 했다. 한여름이라서 그런지 초저녁인데도 주위는 환했다. 시내에는 높고 멋있게 생긴 건물들이 많이 있었다. 정류장 바로 앞에는 새로 지은 듯한 높은 건물이 한 채 있었다. 그 건물 앞은 벤치, 분수대, 꽃, 나무들로 꾸며져 있었다.

어머니와 난 잠깐 쉬었다 가기로 하고 벤치에 앉았다. 시내 한복판에서 쉴 곳을 발견하니 반가웠다. 벤치 근처에는 소나무가 여러 그루 있었다. 그런 나무를 어디서 본 듯해서 생각해 보니 작년 여름 해인사에 갔을 때 본 것과 비슷했다. 해인사로 들어가는 입구 언저리에 이런 소나무들이 즐비하게 서 있었다.

 나는 그때까지 소나무라면 키만 큰 멋없는 나무로 생각했었는데 그 소나무들은 그렇지가 않았다. 이리저리 구부러진 굵은 가지, 옆으로 적당하게 퍼진 모습은 의젓하고 멋있어 보였다. 그때 아버지께서 저 나무들은 가야산의 정기를 받고 저렇게 컸다고 말씀하셨다.

 그런데 오늘 본 건물 앞의 소나무들은 가야산에서 본 나무와는 달리 힘없이 시들어 가고 있었다. 솔잎들은 푸른 빛이 아닌 붉은 빛이었다. 그 소나무들도 이곳에 오기 전에는 맑고 조용한 공기 속에서 힘차게 크고 있었을지 모른다. 그런데 갑자기 북적대는 사람, 혼탁한 공기, 콘크리트 바닥으로 이루어진 도심으로 오게 돼서 적응을 못 한 것이다.

 사람에게 환경이 큰 영향을 미친다고 하는데 나무나 꽃들에게도 마찬가지인 것 같다. 똑같은 나무를 산속에 심었을 때와 도시의 콘크리트 바닥에 심었을 때 이렇게 차이가 생기니 말이다. 건물 앞의 소나무들은 속으로 무슨 생각을 하고 있을까? 좋은 환경도 아닌 곳에 자기를 맘대로 옮겨 심어 놓고 보고 즐기려는 사람들을 원망하고 있지나 않을까?

어떤 사람들은 정원을 꾸미기 위해 산속의 바위들을 정원으로 옮겨 놓기도 한다고 어머니께서 말씀하셨다. 그런 사람들은 더 욕심쟁이다. 여러 사람도 아닌 자기 자신만을 위해 자연을 마구 파헤치니 말이다.

자연은 어느 한 사람의 즐거움을 위해 마음대로 다루어져서는 안 되는 것이다. 세상 사람들이 모두 자기만의 즐거움을 위해 산과 들의 나무, 꽃, 바위들을 마구 자기 집 마당으로 옮긴다면, 그보다 더 불행한 일은 없을 것 같다.

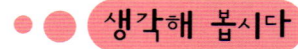

산에서 무럭무럭 자라던 소나무를 거리나 정원에 옮겨 심는 일이 있습니다. 이렇게 하면 가까운 곳에서 자연을 즐길 수 있다는 좋은 점이 있습니다.
하지만 이에 따른 문제점은 없을까요?
만약 있다면 어떻게 해결해야 하나요?

봉숭아의 행복

8월 30일

학교 수업이 끝난 뒤 집으로 돌아오자마자 화단에 피어 있는 봉숭아를 보는 것이 커다란 즐거움이 되었다. 오늘따라 봉숭아는 무척 행복해 보였다.

"엄마, 봉숭아 꽃이 행복해하는 모습 좀 보세요."

어머니께서는 꽃이 어떻게 느낌을 가질 수 있느냐고 물으셨다.

"파리지옥풀이라는 것도 있잖아요. 그 풀은 날아다니는 곤충을 잎으로 잡아먹고 산다잖아요."

"글쎄다. 그렇다고 해서 그것이 느낌을 가지고 있다고 말할 수 있을까?"

"그럼 봉숭아 꽃이 말을 하고, 눈을 가지고 있으면 행복할까요?"

"하지만 어떻게 봉숭아 꽃이 말을 할 수 있겠니?"

"충분히 할 수 있죠. 날아다니는 먼지나 나비와 특별한 방법으로 이야기를 주고받을 수도 있잖아요. 그리고 식물은 노래를 들려주면 더 잘 큰다던데요."

어머니께서는 도대체 무슨 말을 하는지 모르겠다고 하시곤, 마침 놀러 와 있던 사촌 누나에게 물어보라고 말씀하셨다. 꽃을 좋아하는 누나는 내 말을 듣고 한참 동안이나 생각에 잠겨 있었다.

"노마야, 너는 언제 가장 행복하니?"

"음, 학교 합창부에서 노래를 부를 때가 제일 행복해요. 그중에서도 '파란 마음 하얀 마음'이라는 노래를 부를 때는 정말 내 마음이 파랗게 물드는 것 같아요."

"왜, 검은 마음이 아니고? 하긴 넌 혼자서도 곧잘 그 노래를 흥얼거리곤 했지. 아무튼 그 말은 네가 가장 하고 싶은 일을 할 때 행복하다는 얘기니?"

누나는 나를 놀리는 듯 말하다가 갑자기 진지한 목소리로 물었다. 나도 누나에게 맞서서 놀려 주고 싶었지만 꽃 얘기를 계속하고 싶어서 맞다고 대답했다.

그러자 누나는 그럼 꽃이 가장 하고 싶어하는 일은 무엇이겠냐고 물었다. 나는 잠시 생각해 보았다. 내 머릿속에는 빨갛게 피어 있는 봉숭아 꽃이 떠올랐다.

"아마도 예쁜 꽃을 피우는 것이 봉숭아가 가장 하고 싶은 일일 것 같은데요."

내 말에 누나는 고개를 끄덕거렸다.

봉숭아는 예쁜 꽃을 피울 수 있도록 물과 햇빛을 충분히 받는다면 가장 행복해할 것이다. 한 포기 봉숭아가 예쁜 꽃을 피우며 여름 내내 행복을 느낄 수 있듯이, 나 역시 내가 정말로 하고 싶은 일을 이루어 낼 때 오래오래 행복해질 수 있을 거라는 생각이 들었다.

생각해 봅시다

우리들은 보통 나무나 꽃, 풀들은 감정이 없기 때문에 행복을 느낄 수 없을 것이라 생각합니다.
이 글에 나오는 봉숭아 꽃은 정말 행복을 느낄 수 있을까요?
노마는 노래를 부를 때 가장 행복하다고 합니다. 여러분은 어느 때 가장 행복을 느끼는지 친구들과 이야기해 보세요.

4. 일기 쓰며 반성하기

'행복한 돼지보다 고민하는 소크라테스가 되라.'는 말이 있습니다. 바보처럼 아무 생각도 없이 편하게 사는 것보다 탐구하며 사는 것이 인간답게 사는 것이라는 뜻입니다.

생각은 우리 인간에게만 주어진 특권입니다. '인간은 생각하는 갈대다.'라는 말도 있듯이 생각하는 것은 매우 중요한 일입니다. 모든 발명품이 생각에서 나왔고, 모든 예술도 거기서부터 비롯된 것입니다. 일기를 쓰면 어떤 점이 좋은지, 마음이란 무엇인지 함께 이야기해 봅시다.

흘려 버린 소리

9월 8일

 교실에 들어서자 아이들이 한구석에 빙 둘러서 있었다. 나는 '웬일일까?'라고 생각하며 발걸음을 그쪽으로 옮겼다.

 아이들이 둘러싸고 있는 한가운데에는 얼굴이 발갛게 달아오른 현수와 입을 실룩거리는 옥자가 서 있었다. 현수와 옥자는 아이들의 구경거리가 된 것에도 아랑곳하지 않는 듯 기름에 불을 붙인 것처럼 열을 내고 있었다.

 만약 그때 수업 시작을 알리는 종소리가 흘러 나오지 않았더라면, 그래서 선생님께서 교실에 들어오시지 않았더라면, 아주 큰 싸움이 벌어졌을 것이다.

 집으로 돌아오는 길에 나는 현수를 흘긋 쳐다보며 '왜 옥자와 싸웠는지 물어봐도 될까?' 하고 생각했다. 학교에서 내내 궁금했었는데 이젠 도저히 참을 수 없을 것 같았다. 나는 현수가 눈치채지 못하게 숨을 몰아쉬고 나서 물었다.

"너 아까 왜 옥자하고 싸웠니?"

고개를 푹 숙인 채 땅만 보고 걷던 현수가 한참 후 주저하며 말했다.

"물을 먹고 있는데 갑자기 성규가 웃겼기 때문이야. 마침 내 앞을 지나가던 옥자한테 입 안에 있던 물이 튀었어."

"그래서……. 미안하다고 했니?"

현수가 고개를 끄덕이며 말했다.

"그런데도 옥자는 펄쩍펄쩍 뛰면서 나쁜 자식이라고 마구 소릴 지르는 거야."

현수는 이마를 찡그리며 계속 말했다.

"도저히 참을 수 없었던 건, 옥자가 날 처음 본 순간부터 나쁜 자식이라는 걸 알아챘다고 말했을 때야……. 눈은 가자미처럼 쫙 찢어졌고, 코는 면도날처럼 날카롭고, 입은 생쥐를 잡아먹은 고양이처럼 새빨갛다나……."

"치! 그럼 우리 아빠도 나쁜 사람이게?"

내가 씩 웃자, 현수가 말했다.

"노마야! 넌 지금 내 마음이 얼마나 아픈지 아니? 그 일을 생각하면 아직도……."

"현수야! 난 옥자가 한 말은 말도 안 되는 소리라고 생각해. 그런데 무엇 때문에 마음 아파하니? 그건 바보짓이야."

저녁을 먹고 창문을 열어 보니 총총히 박혀 있는 별들이 보였다. 나는 별들을 보면서 생각했다.

'사람들은 종종 어리석은 짓을 하는 것 같아. 귀담아들을 필요가 없는 말에 매달려 속을 썩이는가 하면, 죽을 때까지 소중히 마음 속에 묻어 두어야 할 말은 오히려 흘려 버리고……'

생각해 봅시다

사람들은 귀담아들을 필요가 없는 말에 속상해하는가 하면, 죽을 때까지 소중히 간직해야 할 말을 흘려 버리는 경우가 있습니다.

말을 잘해서 위기를 모면한 경우, 말을 잘못해서 안 좋았던 경우들을 떠올리며 말해 보세요.

고향을 찾는 연어

9월 18일

　오늘은 동화책 한 권을 읽었다. 내가 좋아하는 창작 동화로, 《떠돌이 연어의 꿈》이란 책이었다.

　넓은 바다에 많은 고기들이 살고 있었다. 정말 육지에서 먼 바다였기 때문에 고기 잡는 배들도 다니지 않는 고기들의 천국이었다. 그곳에서는 커다란 고래도, 사람을 잡아먹는 무시무시한 상어도, 조그만 멸치도 함께 사이좋게 살고 있었다.

　바로 그 바다에 떠돌이 연어가 살고 있었는데 아주 행복했다. 맛난 먹이도 많았고 물도 아주 맑았기 때문에 연어는 무럭무럭 자라 살도 포동포동 쪘다.

　어느덧 어른이 된 떠돌이 연어는 새끼알을 배게 되었다. 그런데 이상하게 그 후로는 어디론가 떠나고 싶어졌다. 무슨 까닭인지 자꾸만 그리워지는 곳이 있었는데, 곰곰이 생각해 보니 그곳은 바로 연어가 태어난 어느 강이었다. 연어의 고향은 푸른 산과 따뜻한 햇빛, 맑은 강물이 넘실거리는 그런 곳이었다. 원래 연어는 강에서 태어나서 커다란 바다로 나갔다가 다시 자기가 태어난 곳으로 돌아와 알을 낳는다고 어머니께서 말씀하신 게 생각났다. 연어는 물결을 가르며 하염없이 헤엄을 쳤다. 그런데 고향을 찾아가다가 친구 연어를 만났다. 그 친구는 어딘가 아프고 무척 지쳐 보였다.

연어는 친구 연어가 걱정이 되어 물었다.

"어디 가니?"

"나는 다시 바다로 가고 있어."

"왜, 고향에 안 가고?"

궁금하게 여긴 떠돌이 연어가 물었다.

"고향? 고향이 어디 있어? 고향이라고 찾아갔다가 이렇게 병만 들었어. 강물은 온통 썩어 있었고 지독한 냄새가 코를 찌르더라고. 끝까지 갔더라면 난 아마 죽고 말았을 거야. 너도 얼른 돌아가."

이런 말을 남기고 친구 연어는 급히 바다로 가 버렸다.

'아니야, 내 고향은 얼마나 살기가 좋은 곳인데. 그럴 리 없어.'

연어는 계속 상류로 거슬러 올라갔다. 그러다가 이번에는 상처투

성이인 연어를 만났다.

"아니 왜 그렇게 다쳤니?"

"말도 마라. 고향이라고 찾아갔더니 사람들이 물을 막아 댐을 만드는 바람에 길을 잘못 찾아 수로에서 떨어져 이렇게 만신창이가 되었어. 너도 얼른 그냥 돌아가!"

그러나 연어는 '내 고향은 틀리니까.'라고 생각하며 계속 강을 찾아갔다. 연어는 드디어 강 어귀에 도착했다. 얼마나 힘들게 찾아온 고향인가. 그런데 정말 다른 연어들의 말대로 강은 너무나 변해 있었다. 강바닥에는 온갖 더러운 것들이 쌓여 있었고, 강물도 시커멓게 더럽혀져 있었다. 숨이 막히고 현기증이 났지만, 떠돌이 연어는 있는 힘을 다해 올라갔다. 숨이 끊어지더라도 고향에 묻히고 싶었기 때문이었다.

불쌍한 연어!

난 이 글을 읽으면서 여름 방학 때 아버지 고향에 다녀온 일이 생각났다. 아버지의 고향은 서해안의 아름다운 마을이라고 들었는데, 막상 가 보니까 밭, 논, 염전들은 모두 없어지고 고층 아파트와 공장들이 들어서 있었다. 고향 사람들은 대부분 땅을 팔고 떠나 버렸기 때문에 그곳은 타지에서 온 사람들로 북적거렸다. 아버지께서는 매우 슬퍼하시면서 이젠 고향이 없어졌다고 하셨다. 나도 어쩐지 섭섭한 마음이 들었다.

고향! 그렇게 중요한 건가? 연어가 죽을 힘을 다해서 찾아가는 그곳. 아버지가 한없이 슬픈 얼굴로 돌아서시던 그곳.

사람에게서, 연어에게서 고향을 빼앗아 버리는 건 무슨 의미일까? 이건 모두 문명의 발전이 남긴 가장 큰 문제인 것 같다. 얼마 전에는 고향 땅에 아파트가 들어서게 되니까 자살을 한 사람도 있었다.

아파트를 짓고 공장을 짓는다고 하면서 우리나라 전체가 다 파헤쳐지고 있다는 생각만 해도 끔찍하다. 또 폐수를 흘려 보내면서 한편으론 돈 주고 물도 배달시켜 먹어야 하다니. 그렇다고 문명의 발전을 거슬러 갈 수는 없겠지?

하여튼 사람은 연어보다도 못한가 보다. 떠돌이 연어만큼 자기 고향을 사랑한다면 이런 일은 없을 텐데. 고향을 그대로 간직하면서 발전시킬 수는 없는 걸까?

생각해 봅시다

우리나라는 60, 70년대를 거치면서 빠른 경제 성장을 이루었습니다. 산업화는 생활을 편리하게 해 주었지만 또 다른 피해를 낳았습니다. 환경 오염, 도시로의 이주, 자연 파괴 등.
자연의 모습을 아름답게 보존하면서도, 편리한 생활을 할 수 있는 방법은 없을까요?
그렇게 하기 위해 우리가 할 수 있는 일에는 무엇이 있을까요?

우산과 비

9월 20일

　다섯째 시간부터 갑자기 하늘이 어두워지더니 수업이 끝나자 억수같은 비가 퍼붓기 시작했다. 비가 조금 오면 그냥 맞으며 집에 갈까도 생각했었는데 너무 많이 와서 엄두가 나질 않았다. 다른 애들도 나와 같은 생각이었는지 교실에 많이 남아 있었다.
　조금 지나자 많은 어머니들이 우산을 갖고 마중을 나오셨다. 조금 더 있으니 몇 명만 빼고는 거의 집으로 돌아갔다. 처음엔 나도 혹시 어머니가 오시지 않나 하고 기대를 했었다.
　하지만 시간이 지나자 기대하는 마음이 차츰 사라져 갔다. 생각해 보니 우리 어머니는 비 오는 날에도 거의 마중을 나오신 적이 없었다. 바쁘시기도 하지만, 적은 양의 비쯤은 맞고도 견딜 수 있어야 한다고 생각하셨다.

나는 어머니의 이런 생각을 한편으론 이해할 수 있었지만, 사실 서운한 마음이 더 컸다. 어머니와 함께 우산을 쓰고 집으로 가는 친구들을 보면 몹시 부러웠다. 더구나 오늘같이 큰비가 오는 날에도 마중을 안 나오시다니, 내게 관심도 없으신가 하는 생각까지 들었다.

드디어 교실엔 태진이와 나만 남게 되었다. 태진이는 작년에 어머니가 돌아가시고 아버지와 살고 있다. 그래서 평소에도 집으로 바로 돌아가는 적이 별로 없었다. 집에 가도 쓸쓸하기 때문이란다.

한참 후에 난 은근히 기대했던 마음을 버리고 그냥 집으로 가기로 했다. 태진이와 빗속을 뚫고 운동장을 가로질러 뛰기 시작했다.

그때 교문 쪽에서 어머니가 오고 계신 게 아닌가! 난 너무나 기뻤다. 이제까지 서운했던 마음은 모두 사라지고, 왜 이제야 왔냐며 응석까지 부렸다.

어머니께서 태진이를 부르셨다. 난 너무나 기쁜 나머지 옆에 있던 태진이를 생각도 하지 못한 것이다.

지금 생각해 보니 태진이에게 너무 미안한 느낌이 든다. 교실에 둘이 있을 때는 같은 처지라 의지하고 있었는데, 어머니를 보자마자 태진이 입장은 생각도 않고 너무 좋아했던 것 같다.

어머니가 안 계신 태진이는 내가 또 얼마나 부러웠을까? 돌아가신 어머니 생각을 간절히 했을지도 모르겠다. 나는 참 변덕이 심한 것 같다. 내가 기분 좋으면 남도 좋을 것 같고, 내가 우울하면 다른 사람도 우울했으면 좋겠다고 생각하니 말이다. 앞으로 이런 버릇은 고쳐야겠다.

갑자기 내린 비 때문에 나는 어머니의 사랑을, 그리고 어머니의 사랑을 그리워하고 있을 태진이의 마음을 다시 생각해 보게 되었다. 이젠 친구가 마음 아픈 일이 있으면 함께 나누는 의젓하고 따뜻한 사람이 되어야겠다.

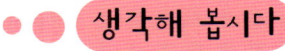

우리에겐 매일 기쁜 일만 있는 건 아닙니다. 어렵고 힘든 일, 참고 견디어야 하는 일도 많습니다.
어려운 일을 만났을 때 어떤 마음가짐을 가져야 할까요?
그리고 어려움에 처한 사람에게는 어떻게 해야 할까요?

산골의 과일들은 서두르지 않는다

9월 26일

오늘 나는 아버지를 따라 명지산에 다녀왔다. 이제 막 단풍이 들기 시작한 가을 산은 정말 아름다웠다. 아침나절이라 풀숲에 바지와 신발이 다 젖었지만, 맑고 깨끗한 공기를 실컷 들이마시며 산길을 걷고 있으니 마냥 흥겨웠다.

길가에 피어난 들국화는 부끄러운 듯 고개를 숙이고 있었다. 산 아래의 마을 옆에 서 있던 밤나무들은 오래 전에 밤을 다 딴 것 같은데, 이곳 산속의 밤나무들은 이제 한창이었다.

"아빠, 왜 산 속에 있는 밤나무들은 마을에 있는 것들보다 늦게 여물어요?"

"잘 보았구나. 산골의 과일들은 서두르지 않는단다."

"네? 그게 무슨 말씀이세요?"

"너 머루랑 다래 알지? 그리고 깊은 산속에서 나는 돌배라는 과일은 들어 봤니? 이런 것들은 모두 서리를 맞아야 제 맛이 난단다. 그러나 사람들이 심고 재배하는 과일들은 대부분 서리를 맞으면 상해 버리기 일쑤란다."

"아빠, 그건 왜 그렇죠?"

"글쎄다. 무엇이든 모진 비바람과 추위를 겪은 다음에야 비로소 참맛을 낼 수 있다는 자연의 섭리가 아닐까? 매서운 초겨울 바람에 잎새가 떨어져도 산골의 머루나 다래, 돌배만큼은 그 향기와 맛을 더해 간단다."

"아빠, 정말 산속에는 놀라운 것들뿐이에요!"

"또, 이곳 산중에서 만난 사람들의 얼굴은 어떻든?"

"아주 달라 보였어요. 도시에서 만나는 사람들의 얼굴은 피곤해서인지 잔뜩 찡그린 얼굴들뿐이었는데 이곳에서 본 사람들의 얼굴엔 걱정이 없고 웃음만 가득했어요."

"아빠도 그렇게 생각했단다. 그런데 그 까닭은 생각해 보았니?"

"그야, 산에 오고 나서 마음이 편해졌기 때문이겠죠. 걱정거리나 보기 싫은 것들을 떠나 왔으니 말이에요."

"그렇지. 하지만 사람들은 서울에서나 이곳에서나 같은 마음을 가지고 있던 건 아니었을까?"

"그렇지만 이곳 명지산에 오고 나서 마음이 바뀐 게 아닐까요? 산에 있는 머루나 다래처럼 말이에요."

오늘 있었던 일을 떠올리면 일기에 쓰고 싶은 내용이 너무 많지만, 졸음이 몰려와 그만 자야겠다.

생각해 봅시다

다음 말들이 우리에게 주는 교훈을 생각해 봅시다.
'산골의 과일들은 서두르지 않는다.'
'모진 비바람과 추위를 겪은 다음에 진짜 참맛을 알 수 있다.'
서두르지 않는다는 것은 자연의 순리 그대로 맡긴다는 뜻일까요?
그렇다면 자연의 순리를 거스르는 경우는 어떤 경우를 두고 하는 말인지 깊이 생각해 봅시다.

다른 걸 살걸!

10월 3일

    학교에서 돌아왔더니 어머니께서 점퍼를 사 주시겠다며 같이 나가자고 하셨다. 지금까지는 어머니가 혼자 가서 사 오셨는데, 이번엔 나한테 특별히 고를 수 있는 기회를 주신 것이다. 내가 스스로 옷을 고를 만한 나이가 되었다는 대접을 받는 것 같아 기분이 으쓱했다.

    어디로 갈까 하고 망설이는 어머니에게 난 백화점에 가자고 졸랐다. 난 이제까지 백화점에서 무얼 사 본 적이 없었기 때문에 어쩌다 백화점에서 산 옷이라며 뽐내는 애들을 보면 은근히 부럽기도 했었다.

    어머니께서는 잠깐 생각하시더니 큰마음 먹으셨다는 듯 그러자고 하셨다. 우리 어머니는 진짜 알뜰하신 분인데 며칠 뒤면 내 생일이라는 걸 생각하신 것 같았다. 백화점에 가면 멋있고 좋은 옷이 많을 테니 마음에 드는 걸 쉽게 고를 수 있을 것이라는 생각에 신이 났다.

복잡한 도로를 가득 메운 자동차 때문에 어머니와 나는 버스에서 내려서 조금 걷기로 했다. 백화점에는 입구부터 물건이 산같이 쌓여 있었고, 예쁜 누나들이 상냥하게 웃으며 우리를 맞아 주었다. 난 문을 들어서면서 엉뚱한 걱정을 했다.

'저 물건들을 누가 다 살까?'

드디어 아동복을 파는 곳에 도착했다. 어머니와 나는 여기저기 다니며 꼼꼼히 살펴보았다. 문제는 이제부터였다. 옷들은 색깔도, 모양도 너무 여러 가지였다. 이걸 입어 보면 저것이 좋아 보이고, 또 저걸 입어 보면 아까 것이 더 좋아 보였다. 몇 번을 입었다 벗었다 하니까 물건을 파는 누나한테도 좀 미안한 느낌이 들었다. 결국은 처음에 입어 보았던 하늘색 점퍼를 샀다. 집으로 돌아오는 내 손엔 새 점퍼가 들어 있는 쇼핑백이 들려 있었지만 기분은 별로 유쾌하지 않았다. 자꾸 아까 입어 보았던 흰색 점퍼가 더 낫지 않을까 하는 생각이 들었기 때문이었다.

왜 점퍼 하나 사는 데도 이렇게 갈팡질팡할까? 지금 입고 있는 점퍼는 어머니가 시장에서 사다 준 것이다. 어머니가 그 점퍼를 사 오시던 날 나는 너무 기뻐 잠까지 설쳤었다. 그런데 오늘은 왜 이럴까? 꽤 좋은 옷을 모처럼 내 손으로 골라 샀는데도 별로 즐겁지도 않고 다른 색의 점퍼를 생각하니 말이다. 그래서 사람의 욕심은 한이 없다고 했나? 그렇다면 백화점에 있었던 물건들은 사람들의 한없는 욕심 때문에 만든 것인지도 모르겠다.

생각해 보니 이런 경우는 꽤 많았던 것 같다. 쓰고 있는 필통이 멀

쩡한데도 새로 나온 근사한 모양의 필통을 보면 그게 갖고 싶어서 어머니께 사 달라고 했다가 꾸중을 들은 적도 있었다. 그때는 어머니가 미웠는데 지금 생각해 보니 내가 어리석었던 것 같다. 어머니께서는 내가 욕심 때문이 아니라 필요에 의해 물건을 사기를 바라셨던 것이다.

오늘 나는 선택하는 것의 어려움을 배웠다. 내가 갈팡질팡했던 까닭은 하나를 선택해야 하면서도 나머지 것에 욕심을 가졌기 때문이다. 하나를 갖기로 했다면, 다른 하나는 당연히 포기해야 되는데 말이다. 모든 사람이 이것저것 다 가지려 한다면 이 세상은 매우 어지러워질지도 모른다. 그러고 보니 어머니께 나는 선물을 두 가지나 받았다. 하나는 새로운 점퍼, 또 하나는 선택을 해야 할 경우 현명해져야 한다는 깨우침…….

생각해 봅시다

우리는 이것을 가지면 저것이 갖고 싶어지고, 다른 것을 보면 또 그것을 갖고 싶어합니다. 사람의 욕심은 끝이 없기 때문이죠.
욕심을 자제하는 좋은 방법이 없을까요?
여러분도 이런 경험이 있었는지요?
그때를 생각하면서 현명한 해결을 위해 어떻게 해야 할지 이야기해 보세요.

피로 회복제 두 병

10월 7일

 오늘 학교에서 소풍을 갔다. 아침에는 기분이 하늘로 날 것 같았는데, 지금은 아무도 없는 산속에 숨어 버리고 싶은 심정이다.
 점심 시간이었다. 우리들은 제각기 크고 작은 꾸러미를 하나씩 들고 선생님이 계신 곳으로 갔다. 영환이는 갈비를, 반장 한준이는 통닭을 은박 포장지에 예쁘게 싸서 가져왔다. 나는 저금했던 돈을 털어서 산 피로 회복제 두 병과 초콜릿 한 개를 드렸다.
 선생님은 영환이의 선물을 받으며 매우 기뻐하셨다.
 "그래, 고맙다. 어머니가 만들어 주셨니?"
 그리고 한준이의 어깨를 토닥거려 주셨다.
 "뭐, 이런 걸……."
 다른 친구들에게도 일일이 고맙다는 인사를 잊지 않으셨다. 그런

데 내 선물은 못 보셨는지 아무 말씀도 하지 않으셨다.

한참 있다가 선생님께서는 내 선물을 가리키며 한준이한테 말씀하셨다.

"이건 일하는 아저씨께 갖다 드려라."

난 너무 섭섭해서 김밥도 잘 넘어가지 않았다.

내 선물은 보잘것없는 것이어서 선생님은 나에겐 아무 말씀도 안 해 주시고 다른 사람에게 주어 버린 게 분명하다. 아이스크림이 먹고 싶은 것도 참으며 돈을 모아서 산 피로 회복제인데 선생님 눈에는 보이지 않았나 보다. 다른 애들 것은 자기 어머니, 아버지가 지폐 한 장을 꺼내어 사 준 건지도 모르는데…….

선물에 담긴 정성이 문제지, 그 선물이 갈비냐 피로 회복제냐가 문제란 말인가? 크고 값비싼 선물을 사 온 아이들에게만 친절하게 구는 선생님이 너무 밉다.

다음 날.

청소가 끝난 뒤, 집에 가려고 책가방을 챙기는데 선생님께서 부르셨다. 어제 일로 선생님에 대한 미움이 안 가신 나는 뾰로통한 얼굴로 선생님 앞에 갔다.

"노마야, 어제 일 미안하다. 선생님이 미처 네 선물을 보지 못했나 봐. 용돈을 모아서 선물을 샀다지? 그런데 선생님이 아무 말도 안 했으니……. 난 일하는 아저씨가 목마를까 봐 마실 것을 드리려 했던 건데. 그 일이 네게 상처가 되었다니, 어떻게 선생님의 미안한 마음을 전해야 할지 모르겠구나."

내 일기를 보신 모양이신지 선생님은 내 손을 꼭 잡고 어쩔 줄 몰라 하셨다. 선생님의 말씀에 내 마음은 봄눈 녹듯 녹기 시작했다. 부끄럽기까지 했다.

"오히려 제가 죄송한걸요. 어제 바빠서 정신이 없으셨던 선생님을 이해하지 못하고 불평만 했으니 제 생각이 너무 부족했어요."

선생님과 나는 이렇게 화해를 했다.

그렇지만 솔직한 내 심정을 일기에 쓰지 않았더라면, 계속 선생님을 불공평하신 분이라고 생각할 뻔했다. 이 일로 나는 일기는 솔직하게 쓰는 게 좋다는 걸 다시 한 번 느낀 셈이다.

이 세상 모든 선생님들은 아이들을 모두 똑같이 사랑하신다는 걸 믿고 싶다.

생각해 봅시다

여러분도 선물을 주거나 받은 적이 있을 거예요.
어떤 마음으로 선물을 사서 주었나요? 그리고 어떤 선물을 받았을 때 제일 기뻤나요?
하찮은 선물과 귀중한 선물을 구별할 수 있는 기준은 무엇이라고 생각하나요?
그 이유는 무엇인가요?

5. 일기 쓰며 계획하기

우리가 오늘을 열심히 살아가는 이유는 무엇 때문일까요? 그것은 바로 내일이 있기 때문입니다. 내일이란 말은 곧 희망이며 꿈입니다. 그것이 있기 때문에 열심히 공부하면서 공들여 탑을 쌓는 것입니다.
목적지가 없는 사람은 방황하게 됩니다. 등대를 찾지 못한 배처럼 끝내는 침몰하게 될 것입니다. 그러나 확실한 지도와 나침반이 있다면 우리는 아무리 깊은 산속에 갇혀 있더라도 길을 찾을 수 있을 것입니다. 꿈을 가지고 그 꿈을 향해 쉬지 않고 나아갈 때, 자신이 꼭 하고 싶은 일을 해낼 수가 있습니다.

에밀레 종

10월 15일

경주에서의 첫 번째 밤이다. 오랜만에 우리 식구들은 나들이를 하였다. 오후에 경주에 도착해 경주 박물관을 들렀다가 숙소에 와서 짐을 풀었다.

박물관에서 가장 인상 깊었던 것은 앞마당 누각에 있던 커다란 종이었다. 성덕대왕 신종이라는 푯말이 세워져 있었다. 어머니께서는 이 종의 다른 이름은 에밀레 종이고, 사연이 깊은 종이라고 하셨다. 기오가 예쁜 이름이라고 하자, 아버지께서는 의미심장한 표정을 지으시며 예쁘지만은 않은 이름이라고 하셨다. 우리는 너무 궁금해서 에밀레 종 이야기를 여쭤 보았다.

신라 경덕왕은 아름다운 소리를 내는 종을 만들고 싶었다. 신비하고 맑고 사람의 더러운 마음을 깨끗하게 씻어 주는, 그런 소리 말이다. 그러나 십이만 근의 구리와 쇠로 만드는 종은 번번이 깨지거나 소리가 맑지 못했다. 그러는 동안 경덕왕이 세상을 떠나고 아버지의 뜻에 따라 그의 아들 혜공왕이 다시 종을 만들기 시작했다. 그러나 그가 만드는 종도 신비한 소리를 내지 못했다.

그런데 어떤 사람이 세상 일에 때가 묻지 않은 어린아이를 쇳물 속에 넣고 종을 만들면 틀림없이 아름답고 맑고 신비한 소리를 듣게 될 거라고 하였다. 이 말에 모두들 깜짝 놀랐다. 그러나 왕은 어떤 일이 있어도 반드시 신비한 종을 만들어야 한다고 했다. 그래서 종을 만드는 스님들은 사방으로 아이를 구했으나 아이를 시주하겠다는 사람은 단 한 사람도 없었다. 발이 부르트도록 돌아다녀도 헛수고였다. 그러다가 마침내 한 여인네의 무남 독녀인 아기를 몰래 훔쳐다가 가마솥의 쇳물에 넣고 종을 만들었다.

"데엥, 뎅그렁, 엄마아, 에밀레……."

종소리는 정말 신기했다. 맑고 아름다웠지만 구슬프게 들리기도 했다. 이후 사람들은 그 종을 에밀레 종이라고도 불렀다. 맑고 구슬프게 들리는 종소리가 마치 엄마를 부르는 아기의 울음소리로 들렸기 때문이다.

이야기를 듣고 난 기오는 울 듯이 말했다.

"아! 이야기가 너무 슬퍼."

그러나 어머니께서는 얼굴을 찡그리셨다.

"아이, 끔찍해라. 어떻게 아기를 끓는 쇳물에 넣는담."

그러자 아버지께서 대답하셨다.

"그건 그렇지 않아. 아기는 그렇게 죽었어도 종소리 속에 영원히 살아 사람의 마음을 정화시켜 주는 거잖아."

"그래도 종을 만들기 위해 아기를 죽이는 건 부처님의 뜻에 어긋나고, 또 아이가 커서 종소리로 사람의 마음을 맑게 해 주는 것보다 더 큰 일을 할 수도 있는 거잖아요?"

나와 기오는 엄마와 아빠 사이에서 누구 편을 들어야 할지 몰라 가만히 듣고만 있었다.

누구든지 목숨은 단 하나뿐이다. 만약 내가 많은 사람들을 위해 목숨을 바쳐야 한다면 어떻게 해야 할까?

생각해 봅시다

역사에 길이 남을 예술 작품이나 문화재를 만들려면 뼈와 살을 깎는 노력과 정성을 들여야 합니다.
에밀레 종도 마찬가지요. 이 종을 완성하기 위해서 아기의 생명을 바쳤다는 이야기가 전해 옵니다.
여러분은 그 이야기에 대해 어떻게 생각하시나요?

예술? 사랑?

10월 16일

　경주에서의 두 번째 밤이다. 오늘은 아침 일찍 토함산에 올라 일출을 보려고 했지만 날씨가 흐려서 보질 못했다. 어쩔 수 없이 아쉬운 마음을 가지고 내려왔다.

　산 중턱에서 본 안개 낀 경주시의 전경은 정말 아름다웠다. 완만한 곡선의 기와 지붕이 만들어 내는 시내의 모습은 천 년 고도에 와 있다는 사실을 느끼기에 충분했다.

　석굴암에 들러 돌부처의 모습을 보고 좀 실망했다. 부처의 모습은 책에서 보던 그대로였지만 생각했던 것보다 규모가 작았다. 내려와서 우리 식구는 불국사로 향했다.

　불국사는 토함산 밑에 있었다. 웅장한 대웅전의 모습과 아름다운 돌계단이 인상적이었다. 대웅전 앞에는 두 개의 석탑이 있었다. 말

로만 듣던 석가탑과 다보탑이었다.
 '아, 다보탑은 많이 보았었지. 십 원짜리 동전 뒷면에 새겨져 있으니까.'
 다보탑은 정말로 화려하고 여성적이었다. 마주보는 석가탑은 그와는 반대로 소박하고 아담했다. 다보탑이 여성적이라면 석가탑은 남성적이라고나 할까? 기오는 다보탑이 더 좋다며 그 앞에서 사진을 찍었다. 난 오히려 묵직한 석가탑이 마음에 들었다. 아버지께서도 그러신지 내 옆에 서서 같이 석가탑을 바라보셨다.
 "노마, 너도 석가탑이 마음에 드는 모양이구나."
 "그래요, 수수하고 씩씩한 느낌이 들어요."

"야, 제법인데. 그런데 너, 아사달과 아사녀 얘기를 아니?"
"들어 본 것 같아요. 그거 코미디에 나온 거 아니에요?"
"코미디에? 그럼 아사달이 누군지 알겠구나."
"저……."
아버지께서는 웃으시며 이야기를 시작하셨다.
"아사달은 이 두 탑을 만든 백제의 석공이란다……."

 백제의 서울 사비성에는 아사달이라는 이름난 석공이 아름다운 아사녀와 행복하게 살고 있었다. 이 무렵 신라에서는 불국사를 짓고 있었는데, 대웅전 뜰에 아름다운 탑을 세우기로 했다. 그러나 신라에는 마땅한 석공이 없어 백제의 유명한 아사달을 불렀다. 아사달은 불국사에 어울리는 훌륭한 탑을 자신의 솜씨로 세울 결심을 하였다.
 "아사녀, 나는 신라로 가서 부처님을 위해 탑을 만들 생각이오. 신라 사람들에게 뛰어난 백제 솜씨를 보여 주고 돌아오겠소."
 "그렇게 하세요. 제 걱정은 마시고 아름다운 탑을 만드세요."
 신라로 간 아사달은 정과 망치로 돌을 쪼기 시작했다. 그는 신라의 석공들을 부리며 부지런히 돌을 다듬었다. 드디어 다보탑이 우뚝 모습을 드러냈다. 아사달은 아내 아사녀를 생각하면서 더욱 부지런히 돌을 깎고 다듬었다. 그러나 웬일인지 석가탑은 생각처럼 쉽게 만들어지지 않았다.
 한편 백제의 사비성에 있는 아사녀는 뜬눈으로 밤을 새며 아사달을 기다리고 있었다. 아무리 기다려도 아사달이 돌아오지 않자 아사녀는 직접 신라에 가 보기로 했다. 서라벌에 도착하자마자 아사달이 탑을 만들고 있는 불국사로 갔다.

"스님, 저는 백제에서 온 아사녀입니다. 제 남편을 만나게 해 주십시오."

아사녀를 본 불국사 스님은 걱정이 되었다.

'아사달에게 이렇게 아름다운 아내가 있었구나. 두 사람이 만나게 되면 탑을 세우는 일이 더 늦어지겠어. 그렇지 않아도 자꾸만 늦어지고 있는데…….'

스님은 아사달과 아사녀가 만나서는 안 된다고 생각했다. 그래서 아사녀에게 그림자 못으로 가서 그곳에 탑이 완성되어 나타날 때까지 기다리라고 했다. 아사녀는 마음을 졸이며 매일 그림자 못을 지켜보았다. 다음 날도, 그 다음 날도 탑의 모습이 나타나길 안타깝게 기다렸다.

마침내 석가탑이 세워지자, 스님이 아사달에게 말했다.

"아사달, 빨리 그림자 못으로 가 보게. 그곳에서 아사녀가 자네를 기다리고 있네."

스님의 말을 들은 아사달은 그림자 못을 향해 달려갔다.

"앗, 아사녀! 아사녀!"

달빛이 가득 찬 그림자 못 속에 아사녀가 빠져 있었다.

"아사녀, 나도 당신 곁으로 가겠소."

이번에는 아사달이 풍덩 그림자 못 속으로 뛰어들었다. 못 속에 가득하던 달빛이 산산이 부서졌다가 이내 조용해졌다.

"너무나 슬픈 이야기군요."
어느새 어머니도 옆에 서서 아버지의 이야기를 듣고 계셨나 보다.
"봐라. 그런 슬픈 전설이 있기에 이 탑은 천 년의 세월이 흘렀는데도 우리에게 진한 감동을 주고 있지 않니."
기오가 안타깝다는 듯이 말했다.
"왜 아사녀는 조금만 더 기다리지 못했어요?"
"네가 아직 사랑을 안 해 봐서 그래."
"흥, 형은 뭐 해 봤냐?"
기오가 입을 삐죽였다.
"아무리 탑을 만드는 것도 좋지만 어떻게 사람을 생이별시킬 수가 있어요?"
어머니께서는 못마땅한 투로 말씀하셨다.
"만약 아사달이 아사녀와 같이 있었다면 이런 걸작품이 나왔겠니?"
"나올 수도 있죠, 뭐?"
"예술이란 것은 그렇게 쉽게 얻어지는 게 아니란다. 오랜 인내와 각고의 노력 끝에야 얻을 수 있는 거지."
아버지께서 진지하게 말씀하셨다.
"아사달과 아사녀의 아름다운 사랑이 이 탑보다 훨씬 더 아름다울 수도 있는 거잖아요. 탑은 이렇게 남아 있는데 그들의 사랑은 어떻게 된 거죠?"
듣고만 계시던 어머니가 조용조용 말씀하셨다.
"얘, 노마야, 사람은 언젠가는 죽는단다. 오래 사는 것보다는 무엇을 하며 살았는가가 더 중요하겠지. 아사달은 생전에 이런 훌륭한 작품을 만들었으니, 아내와 함께 죽었다 하더라도 그보다 더 보람 있고 행복한 사랑이 어디 있겠니?"

글쎄, 나라면 어떻게 했을까. 목숨보다 예술을? 사랑을 바쳐 예술을? 정말 모를 일이다. 밤하늘에는 아사달과 아사녀의 머리 위도 비추었을 별들이 빛나고 있었다.

생각해 봅시다

아사달은 다보탑을 완성하여 후대에까지 그 아름다움을 전해 주었습니다.
그러나 사랑하는 이를 잃는 슬픔을 겪어야 했습니다.
사랑을 희생시켜 예술품을 얻은 아사달은 어떤 마음이 들었을까요?
그리고 상황을 바꿔 여러분이 아사달이었다면 어떻게 했을지 서로 이야기해 보세요.

병태 아버지를 화나게 한 것

10월 23일

병태 아버지는 영업용 택시를 운전하신다. 군대를 막 제대하신 뒤부터 택시를 모셨다니 병태가 태어나기 훨씬 전부터 운전을 하신 셈이다. 병태 아버지는 얼마나 부지런하신지, 근무하는 날이면 새벽 다섯 시에 집을 나서신다고 한다. 병태는 얼마 전 새벽에 소변을 보고 싶어 깨어났다가 이 사실을 새삼 알게 되었다고 한다. 아마 병태 아버지처럼 일찍 일터로 나가는 사람도 그리 많지 않을 것이다.

여하튼 한 푼 없이 서울에 올라와 운전을 시작해서, 몇 년 전에는 드디어 병태 식구들이 함께 살고 있는 집을 사셨다. 가끔 술에 취하면 병태 아버지는 열심히 공부하지 않으면 밥도 못 먹게 될지 모른다고 말씀하신다. 하긴 병태 아버지가 한눈 팔지 않고 부지런히 일하는데도 친구들의 집에 비하면 병태네 집은 비좁을 뿐만 아니라 마당도 없다. 그래도 병태네 식구 모두는 그 집을 아끼고 소중하게 생각한다.

병태네 문간방에서는 어느 조그마한 회사에 다니는 젊은 부부가 세 들어 살고 있다. 어린애가 한 명 있고 방에는 옷장, 텔레비전에 냉장고까지 있어서 몹시 비좁다. 가끔 병태가 그 방 앞을 지나가려고 하면 아줌마가 과일 먹으라고 부르실 때도 있다고 한다. 또 일요일엔 어린애를 데리고 유원지나 극장엘 갔다 오는 것 같고, 외식도 자주 하는 편이라 병태는 그게 몹시 부럽다고 했다. 병태 아버지께서는 극장이나 외식이 무엇인지 전혀 모르시는 분이기 때문이다.

그런데 드디어 어제 저녁에 일이 터지고 말았다. 병태네 집에 세 들어 사는 젊은 아줌마네가 얼마 전에 할부로 승용차를 샀는데, 병태는 지난 일요일에 아저씨를 졸라서 동네를 한 바퀴 돌았었다. 그런데 이것이 병태네 아버지와 어머니를 몹시 다투게 만들었다. 병태는 아무 생각 없이 차를 태워 달라고 했는데, 그게 큰 난리를 일으키고 만 것이다.

고된 일을 마치고 돌아오신 아버지께 병태 어머니는 새댁네도 승용차를 샀는데 우리는 언제 그런 걸 살 수 있겠느냐며 푸념을 하셨다고 한다. 그러자 식사를 하시던 아버지께서는 수저를 집어던지시고는 이렇게 소리치셨단다.

"세 들어 살면서 승용차만 가지면 다라고? 좋아, 그럼 우리도 당장 이 집을 팔고 남의 집에 셋방을 얻어 살면서 승용차를 사도록 하자고. 내일 당장 집을 팔 테니까."

병태 어머니께서 잘못했다고 비셨지만 병태 아버지는 일도 안 나가고 하루 종일 빈 속에 담배만 피우고 계셨단다. 그렇다면 무엇이 잘못된 것일까? 한눈 팔지 않고 우직하게 일만 하시는 병태 아버지를 정말 화나게 만든 것은 무얼까?

생각해 봅시다

병태 아버지는 부지런히 일하고 검소하게 생활하십니다. 그러나 문간방에 사시는 아저씨와 아주머니는 계획 없이 물건을 사거나 낭비를 많이 하십니다.
우리 사회에는 점점 문간방 아저씨와 아주머니 같은 사람이 많아지고 있습니다.
여러분의 부모님이 어떻게 생활하고 계신지 한번 생각해 보세요.
또한 사람들은 왜 사치를 하는지, 절약은 왜 필요한지에 대해서도 친구들과 자유롭게 이야기해 보세요.

생각을 빼앗는 바보 상자

11월 2일

나는 텔레비전 없이는 못 산다고 생각했었다. 태어나서부터 지금까지 단 하루도 텔레비전을 보지 않은 날이 없는 것 같다.

지난 여름, 처음으로 가평 할아버지 댁에 갔을 때에는 혹시 텔레비전을 못 보면 어쩌나 걱정을 하기도 했었다. 사실 그것은 내가 아무것도 몰랐기 때문에 그랬던 것이다. 오히려 시골 사람들이 텔레비전을 더 많이 본다는 사실을 그때 처음 알게 되었다. 집에서는 엄마가 숙제하라고 텔레비전을 꺼 버린 적도 있었지만, 시골 어른들은 날이 어두워져야 논밭에서 돌아오시기 때문에 그때까지 아이들은 텔레비전을 실컷 보는 것 같았다.

내가 텔레비전을 보는 것을 너무 좋아한다고 아빠는 늘 걱정하신다. 우리 아빠는 텔레비전 앞에 앉아 있는 내가 제일 보기 싫으신가 보다. 처음에는 아빠 혼자서만 보시려고 그러는가 해서 섭섭하기도 했다. 그런데 오늘에야 그 이유를 알 수 있었다.

　나는 텔레비전에 나오는 광고 노래를 따라서 부르거나 흉내내기를 좋아한다. 그랬는데 나도 모르게 그 광고에 나오는 물건들이 좋다는 생각이 차츰 들기 시작했다. 나는 아무 생각 없이 단지 광고 노래만 따라서 불렀는데, 한 번도 만져 보지 못한 그 물건들이 무척 좋다는 생각이 들면서 꼭 사고 싶어지는 것이었다.

　그런데 몇 달이 지나자 그 광고는 없어지고 비슷한 이름의 다른 광고가 나오기 시작했다. 그러자 나도 모르게 먼저 것보다도 요즘 광고에 나오는 물건이 더 나을 거라는 생각이 들기 시작했다.

　나는 그 까닭을 곰곰이 생각해 보았다. 그것은 아무 생각 없이 멍하니 텔레비전을 보면서 나도 모르게 그 속으로 빨려 들어갔기 때문이었다. 내 마음이 텔레비전 광고에 나오는 물건을 선택하는 것이 아니라, 텔레비전 광고가 내 마음을 움직여 나를 꼭두각시로 만드는 것 같았다.

　그것을 깨닫게 되면서 나는 놀라지 않을 수 없었다. 왜냐하면 나의 마음이 내 의지에 의해서 움직이는 것이 아니라 텔레비전 광고가 내 마음을 이용하고 있었기 때문이다. 이건 정말 깜짝 놀랄 일이 아닌가. 내가 텔레비전 앞에 멍청히 앉아 있는 것을 몹시 싫어하시던 아빠의 마음을 이제야 알 것 같았다.

　노마의 일기장을 다 읽고 나신 선생님께서는 빙그레 미소를 지으셨다. 요즘 들어 별로 웃지고 않고 무언가 골똘히 생각하는 노마의 모습을 떠올리시는 것 같았다. 그러더니 일기장의 빈 곳에다 이렇게 쓰셨다.

노마야, 네가 열심히 고민하고 생각해 보려는 자세에 우선 박수를 보낸다. 늘 어머니가 하라는 대로만 하고, 선생님이 가르쳐 주는 대로만 배우면 된다고 생각하기 쉬운데 그런 걸 의심해 볼 줄 아는 너야말로 정말 대단한 아이인 것 같구나.

사랑이라고 생각하는 게 어떻겠니? 부모님의 조건 없는 사랑보다 더 진실하고 따뜻한 것이 이 세상에 없다는 걸 알았으면 한다. 부모님을 일찍 여읜 아이들의 슬픔을 생각한다면 너의 경우는 즐거운 비명이라고 해 주고 싶구나.

또 학교가 너희들을 강제로 공부하게 만들고 있다는 점에 대해서는, 너희들 모두와 지난번에 이야기하지 않았니? 학교의 주인은 선생님이 아니고 어디까지나 너희들이라는 점을 모두가 그동안 잘 몰랐던 것 같다. 모든 공부가 정말 너희들을 위해 준비되고, 선생님은 단지 너희들이 재미있게 공부할 수 있게 도와주는 안내자일 뿐이라는 것을 다시 한 번 말해 주고 싶구나. 그동안 우리 교실에서 선생님이 주인 행세를 하는 것처럼 보였다면 미안하구나. 앞으로는 분명 너희들의 목소리와 희망이 우리 교실에 넘쳐 흐를 수 있도록 선생님의 음성을 낮추도록 하겠다. 그리고 우리 교실에서 너희들 스스로 발견한 것을 가지고 열띤 토론이 벌어질 수 있도록 우리 모두 노력

하자꾸나.

한 가지 더, 텔레비전 광고에 대한 너의 날카로운 생각에도 박수를 보낸다. 사실 텔레비전을 보며 넋을 잃고 있노라면 자기의 생각은 어디론지 사라져 버리기 쉽단다. 나중에는 텔레비전 광고에 나오는 물건들이 모두 좋아 보이고 꼭 사고 싶은 마음마저 든다고 했는데, 그만큼 우리들은 자기 자신도 모르게 마음을 빼앗기기 쉽단다. 남들이 자꾸 좋다고 하고 또 나쁘다고 하니까 이유도 모르면서 그저 그것이 좋다 나쁘다라고 생각하는 사람들이 우리 주변에 얼마나 많니? 무슨 일이 있어도 나의 생각만은 빼앗기지 말고 그것을 날카롭게 갈고 닦아야 한단다.

왜 이런 말 있지 않니? '온 세상을 얻는다 하더라도 나의 마음을 빼앗기면 무슨 소용 있으리오. 온 세상을 잃는다 한들 나의 마음을 굳게 지니고 있으면 무슨 걱정이 있으리오.'

생각해 봅시다

텔레비전 앞에 앉아 넋을 잃고 바라보는 것처럼 불쌍한 모습도 없습니다. 그것을 보고 있으면 자신의 생각은 어디론지 달아나 버리고 눈앞에 비춰진 것에 자신을 내맡겨 버리게 되는 것입니다. 무서운 일이라고 생각하지 않나요?

마음먹기

11월 8일

 요즘은 숙제가 무척 많다. 숙제를 하고 있는데 어머니께서 방문을 두드리시더니, 저녁 짓는데 기오가 자꾸 귀찮게 군다고 잠깐 놀아 주라고 하셨다. 나는 숙제 안 해 온 사람은 혼쭐을 내겠다고 하신 선생님 말씀이 생각나서 딱 잘라 거절했다. 어머니께서는 혀를 끌끌 차면서 나가셨다.

 "쟨, 엄마 생각은 도통 안 해 주는 애야."

 저녁 식사 때, 우리 가족은 한자리에 모였다. 아버지가 일찍 들어오시는 날이기 때문이다. 찌개 냄비를 상 위에 올려놓으시며 어머니가 아버지에게 날 좀 야단치라고 하셨다. 저녁 때, 어머니 말을 들은 척도 안 했기 때문이었다. 그러자 항상 내 편에서 생각해 주시는 아버지가 왜 그랬냐고 부드럽게 물으셨다.

나는 내일 '한자 쓰기'와 '자율 학습 문제' 공책을 내는 날인데 숙제가 많이 밀렸기 때문이라고 말씀드렸다.

"그런 건 매일 조금씩 해야 하는 숙제 아니니?"

나는 아버지께서 내 사정을 잘 모르시고 하시는 말씀이라는 생각이 들었다.

"매일, 조금씩이라고요? '매일'은 맞지만 '조금씩'은 틀려요. 매일 내 주는 숙제는 '조금씩'이지만 그게 과목별로 모이면 얼마나 많은지 아세요?"

"선생님이 다 알아서 내 주시는데도?"

아버지께서 계속 못마땅해하시기에 나는 한자 한 쪽 쓰기, 자율 학습 문제, 신문 한자 오려 붙이기, 그밖에 매일 두세 과목의 숙제가 있다고 설명해 드렸다. 그리고 학원에도 가야 되고, 운동과 동화책 읽기도 빠뜨릴 수 없다고 말씀드렸다. 그래도 아버지께서는 매일 꼬박꼬박 했다면 오늘처럼 어머니를 속상하게 해 드리지는 않았을 것 아니냐고 말씀하셨다. 아버지의 계속되는 공격에 나는 울음을 참으며 숙제 때문에 하고 싶어도 할

수 없는 것도 많다고 말씀드렸다.

어머니와 아버지께서는 선생님이 그런 숙제를 내 주실 리가 있겠냐는 표정이셨다. 아버지께서는 숙제는 재미없는 거라는 생각을 바꾸어 보라고 하셨다. 무엇이나 하기 싫은 마음으로 하면 제대로 될 수가 없다는 말씀이셨다.

날마다 엄청나게 많은 숙제가 나를 괴롭히고 있다. 그런데도 어머니와 아버지는 모든 건 마음먹기에 달려 있다고 하신다. 하긴 어머니의 간단한 부탁도 못 들어 드리고 말았으니까…….

'이럴 수밖에 없는 걸까? 아니야 이렇게 숙제에 질질 끌려 다니는 노마가 아니지. 무엇이 많고 적다는 것, 또 어떤 것이 어렵고 쉬운 것은 마음먹기에 달렸다고 했어. 그래! 생각을 고치는 거야. 숙제, 그까짓 게 나를 괴롭혀? 천만에. 내가 그놈을 혼내 주겠어. 그런데 마음 하나 바꾸고 나니까 왜 이리 후련하고 가슴이 뛰지?'

생각해 봅시다

노마는 많은 숙제가 자신을 괴롭힌다고 했지만 아버지는 마음먹기에 따라서 달라질 수 있다고 하셨습니다.
마음먹기에 따라서 무언가를 보는 눈이 달라진다는 건 무슨 뜻인가요?
혹시 서너 시간 할 숙제를 마음먹고 한두 시간에 끝낸 적은 없었나요?
이런 경험들을 서로 이야기해 보세요.

흉내 내기

11월 11일

　오늘은 아버지께서 쉬시는 날이다. 저녁을 맛있게 먹고 나서 우리 식구는 모두 거실에 모여 앉았다. 기오가 텔레비전을 켜니까 마침 개그맨들이 나오는 프로그램이 나왔다. 기오는 뭐가 좋은지 입을 벌리고 정신 없이 보기 시작했다.

　얼마 전에 나와 기오는 텔레비전에서 본 것을 흉내 내다가 아버지께 혼쭐이 났었다. 정말 알 수 없는 것은 나쁜 짓인 줄 알면서도 자꾸만 그 흉내를 내고 싶다는 거다. 학교에서 이상한 흉내를 내다가 선생님께 야단을 맞는 애들도 많다. 이것은 혹시 우리의 조상이 원숭이라서 그런 걸까? 훌륭하고 멋진 말씨나 행동을 흉내 내면 좋겠지만 그와 반대인 경우가 더 많이 눈에 띈다.

　그렇다면 우리의 말과 행동은 어디에서부터 어디까지가 흉내이고,

또 어디에서부터 어디까지가 스스로 하는 것일까? 이것이 밝혀지면 커다란 비밀이 드러날 수 있을 것 같다. 우리가 저지르는 좋지 못한 말씨와 행동이 어떻게 해서 생겼는지를 알 수 있을 테니까 말이다.

　만일 우리들의 좋지 못한 말씨와 행동이 흉내를 냄으로써 생긴 것이라면 그것을 고치는 일은 누워서 떡 먹기가 될 것이다. 나쁜 것은 흉내를 내지 못하게 하고, 좋은 것은 열심히 흉내 내게 하면 될 것이다.

　그런데 어른들은 이걸 잘 모르는 게 아닐까? 우리 어린이들이 얼마나 흉내를 내고 싶어하고, 비록 눈에 거슬리는 말씨와 행동까지도 흉내를 내지 않고는 못 배기는 버릇이 있다는 것을 말이다.

그렇다고 우리에게서 제멋대로 흉내를 낼 수 있는 자유를 빼앗으면 우리 모두가 더 훌륭한 사람이라도 될 수 있는 것일까? 적어도 나쁜 흉내를 내지 않을 테니까 겉으로 보면 그렇게 보일지도 모르겠다.

그렇지만 어떤 것이 훌륭한 행동이고, 또 어떤 것이 나쁜 행동인지를 누가 어떻게 구별할 수 있을까? 이 구별이 잘못되면 좋은 행동도 마음대로 할 수 없게 되고, 나쁜 행동도 마음대로 흉내 낼 수 있게 되지는 않을까? 어찌 되었든 아이들이 저지르는 숱한 잘못이 흉내를 내다가 생긴 것이라면 적어도 흉내에 문제가 있는 것이다.

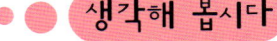

생각해 봅시다

우리는 텔레비전에 나오는 연예인들의 우스운 몸짓이나 말들을 잘 흉내 냅니다.
때로는 나쁜 흉내를 내다가 어른들에게 야단을 맞기도 합니다.
우리의 생각과 행동 가운데 어느 것이 흉내이고, 어느 것이 자신의 고유한 생각인지 한번 깊이 생각해 보세요.
그리고 흉내 내기의 나쁜 점과 좋은 점에 대해서 친구들과 이야기를 나누어 보세요.

죄와 벌

11월 15일

오늘 텔레비전에서는 무서운 뉴스를 보았다. 누군가가 사람을 죽여서 산기슭에 묻어 버렸는데, 오랜 세월이 흐른 뒤에 땅을 파서 그 유골을 찾고 있는 화면이었다.

이 사건은 아주 오래 전에 일어났으니까 범인을 찾아내기가 힘들지도 모른다. 죽은 자는 말이 없으니까 영원히 해결되지 않을 것도 같다.

이 경우 죄를 지은 사람은 분명히 있지만 벌을 받아야 하는 사람은 없는 것이다. 조그만 죄를 지었어도 벌을 받는 것은 당연하지만, 이처럼 엄청난 죄를 짓고도 범인을 찾아내지 못해 벌을 줄 수 없는 경우가 많다고 한다. 그러나 과연 벌을 면했다고 해서 죄가 없어지는 걸까?

나는 솔직히 하느님을 본 적도 없고 믿음도 크지 않다. 그러나 이런 일을 볼 때마다 하느님은 반드시 있어야 한다고 생각한다. 비록 이 세상에서는 벌을 면하였다고 해도, 그 사람에게는 영원한 벌이 준비되어 있어야 하기 때문이다.

얼마 전에 반 친구들과 토론을 벌였을 때 병태가 한 말이 생각났다. 병태는 못된 짓을 잘 저지르는 사람들이 더 잘 살고, 양심에 따라 옳게 사는 사람은 못 살 수밖에 없다는 말을 했다. 그때 몇몇 아이들은 병태가 옳다고 했지만, 나는 절대로 그럴 리가 없다고 했다. 그리고 잘 사는 것이 무엇이냐고 물으니까 병태는 아무 말도 못 했다.

자기가 아는 몇몇 예만 들어서 주장을 펴는 것은 옳지 않은 태도로 여겨진다. 열심히 일하고 훌륭한 일을 한 덕분에 잘 사는 사람도 얼마든지 찾아볼 수 있기 때문이다. 물론 온갖 못된 짓을 하고도 버젓이 잘 사는 사람도 찾아볼 수 있겠지만……. 아무리 생각해도 분명한 것은 죄를 짓고 벌을 면하게 된다 해도 죄는 그대로 남는다는 것이다.

만약 내가 동수의 동화책을 훔친다고 해도, 그것 때문에 창피를 당하거나 벌을 받을 염려는 거의 없다. 그렇지만 그걸 잃어버린 동수의 마음은 얼마나 아플까? 아마 동수는 어른이 될 때까지도 분하게 생각할지도 모른다.

반대로 난 어떨까? 내가 동화책 한 권을 훔친 사실을 아무도 모르고 벌을 받지 않는다고 해도 그 죄는 영원히, 이 세상이 다할 때까지, 아니 그 이후까지도 없어지지 않을 게 분명하다.

그렇다면 당장 동수에게 책을 돌려주고 용서를 비는 것이 가장 현명한 방법일 것이다. 없어지지 않을 죄를 품고 사는 것보다는 그게 훨씬 마음 편한 일이기 때문이다.

생각해 봅시다

사람들은 보통 크고 작은 죄를 지으며 살아갑니다. 그러나 모든 죄인이 그에 대한 벌을 받는 것은 아닙니다.
죄를 짓고 벌을 받지 않으면 죄가 없어지는 것일까요?
잘못을 하고도 그 사실이 알려지지 않았을 때 어떤 기분이 들지, 똑같은 죄를 다시 짓지 않으려면 어떻게 해야 할지 이야기해 보세요.

숲 속의 잠자는 공주

12월 7일

　오늘 엄마는 기오에게 '숲 속의 잠자는 공주' 이야기를 들려주셨다. 마녀의 저주로 공주가 영원히 잠들게 된 대목에 이르자 기오가 갑자기 입을 열었다.
　"엄마, 마녀는 왜 그렇게 못됐어요?"
　"착한 마녀도 있잖아."
　내가 끼어들며 말했다.
　"그럼 마녀라는 게 도대체 뭐야?"
　"글쎄다. 마녀는 요술을 부려서 자기가 하고 싶은 일을 마음대로 해 버리는 사람이 아닐까?"
　어머니의 말씀에 기오는 잠시 생각에 잠겼다.
　"그래요? 무슨 일이든지 마음대로 할 수 있다니, 나도 마녀가 되었

으면 좋겠다."

나는 기오의 머리를 한 대 쥐어박고는 점잖게 말했다.

"야, 그렇다고 마음 내키는 대로 하면 안 되는 거야."

"왜 안 돼?"

"그거야 공주를 잠들게 한 마녀처럼 남에게 피해를 주니까 그렇지."

"그렇다면 남에게 피해를 안 주는 착한 마녀가 되면 그만이지."

옆에서 이야기를 듣고만 계시던 어머니께서 입을 여셨다.

"힘을 많이 가질수록 그 힘을 바르게 쓰기란 쉬운 일이 아니란다."

"그래요. 자기가 잘났다고 으스대는 사람이 더 많아요."

"맞아. 자기가 무얼 가졌다고 뽐내면 안 되죠? 철이처럼 장난감 가지고 남을 약 올려도 안 되고."

기오는 얼마 전에 철이 때문에 약이 오른 기억이 나는지 씩씩거리며 말했다. 어머니는 기오의 이야기를 들으며 재미있다는 듯 웃음을 지으셨다.

"옛날에 스님과 말을 탄 젊은이가 논두렁에서 마주치자 젊은이가 발로 스님을 치고 지나갔단다. 그 바람에 오히려 젊은이의 신발이 논에 떨어지고 말았어. 그런데 그것을 본 스님은 오히려 신발을 주워 잘 닦아 주었단다. 그제야 젊은이는 크게 잘못을 뉘우치고 스님에게 용서를 빌었지."

"젊은이는 자기가 말을 타고 가는 걸 으스댔군요."

나의 말에 기오도 한마디 거들었다.

"그래요. 마녀같이 으스대고 심술을 부린 거예요."

"그렇단다. 조금 아는 것이 있고, 가진 것이 있다고 잘난 척하는 사람은 자기보다 더 뛰어난 사람이 있다는 걸 잘 모른단다."

어머니의 말에 기오는 고개를 끄덕였다.

생각해 봅시다

힘을 가진 사람이 힘을 바르게 사용하기란 쉽지 않습니다. 그 이유는 무엇 때문일까요?

사람들은 겸손하기보다는 자랑하는 것을 더 좋아합니다. 어떻게 하면 이런 것을 극복할 수 있을까요?

양심의 숨바꼭질

12월 28일

발가락 사이로 빗물이 스며들고 있었다. 가방으로 머리는 가렸지만 앞머리를 타고 빗물이 뚝뚝 흘러내렸다.

겨울에 무슨 비가 이렇게 하루 종일 내린담. 난 우산을 쓰지 않고 있었다. 사실은 우산을 쓸 수가 없었다. 우산대가 말을 듣지 않았고, 만일 그게 멀쩡했다 해도 그 우산을 쓸 생각이 전혀 들지 않았다.

학원에서 수업이 끝나고 우산을 꽂아 두었던 통으로 가 보니, 내 우산은 온데간데없고 다 떨어지고 찌그러진 검정 우산 한 개만 달랑 남아 있었다. 난 그런 낡은 우산은 도저히 쓰고 싶지 않았다.

도대체 누가 가져간 것일까? 우산을 쓰고 학원에 갔을 때 옆에 있던 아이들이 부러운 눈초리로 흘끗흘끗 쳐다보던 기억이 났다.

지금쯤 내 우산을 가져간 그 녀석은 자랑스레 내 우산을 쓰고 이곳

저곳을 활개치고 다니겠지? 그리고 자신의 꼴사나운 우산을 들고, 게다가 흠뻑 젖기까지 한 나를 불쌍하게 생각하겠지…….

"이 나쁜 자식!"

무심코 내뱉은 말에 '그러는 넌?' 하고 되묻는 소리가 마음 속에서 들렸다.

'나는 어떠냐고? 그야…….'

아무리 머리를 쥐어짜 봐도 나는 노벨 평화상을 받을 정도로 착하지는 않다. 그렇다고 신문에 나는 흉악범처럼 사람을 해치거나 하는 나쁜 일을 한 적도 없다.

언젠가 책에서 읽었던 얘기가 생각났다.

외국의 어떤 유명한 목사님이 돌아가신 후 그분의 책들이 경매에 붙여졌다. 그것은 주로 옛날 작가가 쓴 아주 귀중한 책이었고, 그 목사님은 그 방면의 권위자이셨다. 그런데 그 대다수의 책엔 전국 여러 도서관의 도장이 찍혀 있었다. 그분은 빌려 온 책을 반환하지 않은 채 돌아가신 것이다. 그렇지만 그분의 설교는 너무 훌륭해 많은 사람들이 그분을 존경했다고 한다.

나도 목사님과 비슷한 경험을 갖고 있다. 사실 나의 책꽂이에는 우리 반 학급문고에서 빌려 온 책이 다섯 권이나 있다. 학기 초에 반 아이들이 모두 한 권씩 가져왔던 것인데, 겨울 방학이 시작될 무렵 선생님께서는 각자 자기 책을 가져가라고 하셨다. 그때 학급문고에는 책이 절반밖에 남아 있지 않았다. 물론 내 책도 그곳에 없었다.

빌려 온 것을 돌려주는 것이 얼마나 어려운지 우리 반 친구들 대부

 분도 이미 깨닫고 있는지 모른다. 그러나 일부러 책을 훔쳐 온 것은 아니다. 사실 학급의 책이 내 방에 있다는 것을 깨달은 것도 얼마 전이었다. 처음엔 그 책이 내 것이 아니라는 것을 알고 깜짝 놀랐었다. 하지만 이미 방학이고, 책에는 이름도 써 있지 않았다. 만일 이름만 써 있었다면 나는 기꺼이 돌려주었을 것이다.

 내 우산을 가져간 그 친구도 지금쯤 우산이 바뀌었다는 사실을 알고 당황하고 있을지 모른다. 그 애는 내일이라도 우산을 되돌려주기 위해 갖고 오거나, 또는 주인을 찾기가 어려울 것 같아 그냥 시치미를 뗄 수도 있다.

 내가 우산에 이름을 써 넣지 않아 그 친구 마음에 갈등을 일으키게 했다면 얼마나 미안한 일인가? 내가 주인 잃은 책 때문에 고민했던 것처럼.

 우리들 마음속에서는 항상 양심의 숨바꼭질이 벌어지고 있는 것 같다. 그 마음을 무어라 불러야 할까 하다가 '투명한 마음과 흐릿한 마음' 이라고 이름 붙였다. 마치 시소를 타는 것처럼, 양팔 저울의 접시가 흔들리는 것처럼, 난 둘 사이의 경계선에서 왔다갔다 하고 있다.

중요한 것은 둘 모두를 한꺼번에 잡아 본 적이 없다는 것이다. 한 놈을 잡으면 다른 놈이 숨어 버리고, 다시 그놈을 잡으려 하면 이번엔 잡았던 놈까지 놓쳐 버리고 만다. 그래서 이 숨바꼭질은 끝없이 계속되어 가는 것이다.

생각해 봅시다

여러분은 자신이 착한 사람이라고 자신 있게 말할 수 있습니까? 이 기회에 착함과 악함의 기준이 무엇인지 한번 생각해 보세요.
우리 마음에는 착한 마음과 악한 마음이 함께 있어서 줄다리기를 하는 것 같습니다.
부딪치는 상황에 따라 변하는 마음을 잘 관찰해 보세요.

노마의 발견 4
관찰하는 내가 좋다

초판 1쇄 2007년 3월 12일
초판 4쇄 2017년 1월 10일
제2판 1쇄 2021년 12월 30일

지은이 | 어린이철학교육연구소
그린이 | 임정아
펴낸이 | 송영석

펴낸곳 | (株)해냄출판사
등록번호 | 제10-229호
등록일자 | 1988년 5월 11일(설립일자 | 1983년 6월 24일)

04042 서울시 마포구 잔다리로 30 해냄빌딩 5·6층
대표전화 | 326-1600 **팩스** | 326-1624
홈페이지 | www.hainaim.com

ⓒ어린이철학교육연구소, 2007, 2021

ISBN 979-11-6714-020-3
ISBN 979-11-6714-016-6(세트)

파본은 본사나 구입하신 서점에서 교환하여 드립니다.